国际文化版图研究文库

颜子悦　主编

美国文化中心

美国的国际文化战略

〔日〕渡边靖　著

金琮轩　译

商务印书馆
The Commercial Press
SINCE 1897

2013年·北京

Yasushi Watanabe

Amerikan Senta
Amerika No Kokusai Bunka Senryaku

国际文化版图研究文库总序

人类创造的不同文明及其相互之间的对话与沟通、冲突与融合、传播与影响乃至演变与整合，体现了人类文明发展的多样性统一。古往今来，各国家各民族皆秉承各自的历史和传统、凭借各自的智慧和力量参与各个历史时期文化版图的建构，同时又在总体上构成了人类文明发展的辉煌而璀璨的历史。

中华民族拥有悠久的历史和灿烂的文化，已经在人类文明史上谱写了无数雄伟而壮丽的永恒篇章。在新的历史时期，随着中国经济的发展和综合国力的提升，世人对中国文化的发展也同样充满着更为高远的期待、抱持着更为美好的愿景，如何进一步增强文化软实力便成为摆在我们面前的最为重要的时代课题之一。

为此，《国际文化版图研究文库》以“全球视野、国家战略和文化自觉”为基本理念，力图全面而系统地译介以20世纪为主的人类历史进程中各文化大国的兴衰以及诸多相关重大文化论题的著述，旨在以更为宏阔的视野，详尽而深入地考察世界主要国家在国际文化版图中的地位以及这些国家制定与实施的相关文化战略与战术。

烛照着我们前行的依然是鲁迅先生所倡导的中国文化发展的基本思想——“明哲之士，必洞达世界之大势，权衡较量，去其偏颇，得其神明，施之国中，翕合无间。外之既不后于世界之思潮，内之仍弗失固有之血脉，取今复古，别立新宗。”

在这一思想的引领下，我们秉持科学而辩证的历史观，既通过国际版图来探讨文化，又通过文化来研究国际版图。如此循环往复，沉潜凌空，在跨文化的语境下观照与洞悉、比较与辨析不同历史时期文化版图中不同文明体系的文化特性，归纳与总结世界各国家各民族的优秀文化成果以及建设与发展文化的有益经验，并在此基础上更为确切地把握与体察中国文化的特性，进而激发并强化对中国文化的自醒、自觉与自信。

我们希冀文库能够为当今中国文化的创新与发展提供有益的镜鉴，能够启迪国人自觉地成为中华文化的坚守者和创造者。唯其如此，中国才能走出一条符合自己民族特色的文化复兴之路，才能使中华文化与世界其他民族的文化相融共生、各领风骚，从而更进一步地推进人类文明的发展。

中华文化传承与创新的伟大实践乃是我们每一位中国人神圣而崇高的使命。

是为序。

颜子悦

2011 年 5 月 8 日于北京

人人都称颂自由。但是这个自由却蕴含着不同的意思。

——亚伯拉罕·林肯

目　录

序 言 v

19 世纪的法国思想家、外交官阿列克西·德·托克维尔，在其近代民主主义思想经典名著《论美国的民主》（1853 年）一书中，围绕民主主义与外交的关系有以下一段著名论述。

“民主主义政府与其他政府相比，在处理对外关系这一点上具有决定性的劣势。民主政治只要积累经验，形成习俗，并且普及教育，人民基本都可以掌握所谓‘良识’的日常实用知识以及能够用以处理生活琐事的智慧。拥有‘良识’已经足以应对社会日常生活。在普遍接受过教育的国民中建立民主自由的内政，这一举措所产生的益处，比民主主义政府的错误行为所导致的危害要大得多。然而，国家之间的关系通常没有这么简单。

外交政策几乎不需要任何民主政治固有的素质，恰恰相反，它所需要的倒是民主政治几乎完全不具备的那些素质。”（托克维尔，《论美国的民主》第一卷（下），松本礼二译，岩波文库，2005 年，第 107—108 页）

这充分体现了托克维尔的精英主义外交观。在他看来，外交应 vi
该是根据“通过长期考量所制定的计划”而采取的行动，不应该是“为了满足一时的冲动”而作出的行为。

然而，在 170 年后的今天，外交空间已不仅仅存在于政治家与外交官之间，它正逐步向国民大众阶层扩展。与此同时，虽然契机与动机不尽相同，但是世界各国都愈来愈注重通过政府开展的宣传和文化活动来影响其他国家的国民和民间组织，从而达到特定的政策目标，即开展公共外交。

不难想象全球化进程是推动公共外交发展的因素之一。随着政治经济一体化和文化同质化与单一化趋势的不断发展，很多国家不得不提出宣扬国家特性和文化特性的主张。除此之外，伴随着社会的信息化和网络化，无论是企业还是国家都更加注重提升品牌形象，吸引人们的注意力，增强人们对其的了解程度。善恶喜好且另当别论，现代舆论不仅引导着国内政治的走向，而且对国际政治的影响也越来越大。因此政府不仅需要重视国内民意，而且对他国的民意也不能再充耳不闻。

“9·11”恐怖袭击事件发生之后，为对抗世界各地的反美主义，美国对公共外交的关注度急剧提升。与此相应，日本国内也开
vii 始频繁提及并参照美国公共外交的做法。2004 年外务省的机构改革中，大臣官房的文化交流部与外务报道官组织的海外报道科合并成为“广报文化交流部”（Public Diplomacy Department），接受大臣官房的管理。这是“public diplomacy”（公共外交）一词首次出现在日本外务省下属机构的官方英文名称中。

尽管美国公共外交的历史可以追溯到“9·11”事件以前，但外交研究和文化研究领域对公共外交的关注仍然比较少，相关的研究仍处于初始阶段。在日本，关于美国公共外交的研究也只停留在片段式的简略介绍阶段。

本书意在从更广泛的社会和历史的层面来论述美国公共外交的现状，同时在宏观背景下把握美国的对日公共外交以及日美关系的变迁，并尝试从公共外交的角度来解读美国的历史或者日美关系史。

当然，关于公共外交的思考，其实也是关于智慧与实力的关系，抑或是文化与政治的不可分离性的思考。

主要缩略语一览

AC　美国中心

ACC　美国文化中心

ACDA　军事管理与裁军处（美国）

ACI　宣传问题咨询委员会（美国）

AFN　美国军中广播

BBG　广播理事会（美国）

BIB　国际广播委员会

CFR　外交关系协会（美国）

CGP　日美中心

CIA　中央情报局（美国）

CIE　民间情报教育局（美国）

CIPE　国际私营企业中心（下属于美国工商会所）

COI　情报协调局（美国）

CPI　公共信息委员会（美国）

CSIS　战略与国际问题研究所（美国）

CU　文化合作部（下属于国务院）

CULCON　日美文化教育交流会议

DEX　教育交流办公室（下属于国务院）

DGX　欧洲委员会教育文化总局

DOD　国防部（美国）

ECA　教育文化事务局（美国）

ExCom　国家安全委员会执行委员会（美国）

FEN　远东放送

FIS　国外情报部门（美国）

FOIA　《信息自由法》

FPC　外国记者中心（美国）

GAO　政府问责办公室（美国）

GARIOA　占领地救济政府基金

GHQ/SCAP　驻日盟军最高司令官总司令部/驻日盟军总司令

IAA　美洲局（下属于国务院）

ICSP　情报界学者计划

IIA　国际信息署（下属于国务院）

IIP　国际信息局（下属于国务院）

INI　国际情报局（下属于国务院）

IPR　太平洋国际学会

IVP　国际访问者计划

JUSEC　日美教育委员会

JUSFC　日美友好基金

JUSPAO　综合宣传室

NARA　美国国家档案馆

NDEA　《国防教育法》

NDI　（民主党）国际问题民主研究所

NED　全美民主主义基金

NME　美国战争部

NSC　国家安全委员会（美国）

NSLI　国家安全语言计划（美国）

OCB　行动协调委员会（美国）

OGC　全球交流办公室（下属于白宫）

OIC　国际信息与文化事务办公室（下属于国务院）

OIE　国际信息与教育交流办公室（下属于国务院）

OII　国际信息办公室（下属于国务院）

OPD　国务院政策宣传局

OSI　战略影响办公室（美国）

OSS　战略情报局（美国）

OWI　战时信息办公室（美国）

PDPA　公共外交与公共事务国务次卿

PRISP　帕特·罗伯茨情报学者项目

PSB　心理战略委员会（美国）

PWB　（美国陆军的）心理战部队

RFA　自由亚洲电台

RFE　自由欧洲电台

RL　自由电台

SCC　科学合作委员会

USACPD　公共外交咨询委员会（美国）

USAID　美国国际开发署

USIA　美国新闻署

USICA　国际交流厅

USIS　美国新闻处

USTR　美国贸易代表办公室

VOA　美国之音（Voice of America）

第一章　政治宣传抑或信息传播 1

一、作为例外的美国

著名的本杰明·富兰克林不仅是一位发明家、实业家，还是美国的开国元勋之一。

他二十多岁时投身印刷业及报纸发行业，并大获成功，因此被称为“美国资本主义之父”。同时，他还积极为创建图书馆、医院、消防队、反奴隶制协会、以相互扶助精神为宗旨的合作社等机构贡献自己的力量。在当今这个市场和社会的运转皆受人类贪欲驱使的时代，更需要富兰克林这种顾全社会整体利益、同情社会弱者的心系天下的精神。

1776 年，美国正处于独立战争期间，富兰克林作为美国的外交代表远赴法国，寻求法国的帮助，请求法国参战。他巧妙地游走于巴黎外交界，四处游说，宣称英国政府侵犯了人生来就应该享有的自然权利，因而依据社会契约论，美国有权解除效忠于英国王室的义务而建立独立政府。他朴素且高雅的举止感动了法国沙龙和宫廷的精英人士，成功地使法国政要对于美国独立战争的看法由“内乱”转变为“国际战争”。不久，在路易十六的支持

2 下，法国于1778年与美国缔结同盟，对英宣战。[1] 如果说富兰克林参与起草的美国《独立宣言》（1776年）是美国最初的对外宣传工具的话，[2] 那么，美国独立战争则是信息传播重要性的绝佳证明。[3] 不强迫对方屈从，而致力于与对方结盟，富兰克林的这种外交手段对于当今美国的外交方式具有深远的影响。

然而，独立后的美国在"对外传播"方面却采取了保守的态度。"我们（美国人）即将终结追随他国的漫长的修行时代。让我们用自己的双脚走路，用自己的双手劳动吧。让我们尽情倾吐自己的心声吧。"

1837年，拉尔夫·沃尔多·爱默生在哈佛大学发表的题为"美国学者"的演讲，被视为"知识上的独立宣言"而广为人知。但另一方面，它也象征着一种孤立精神。这种孤立精神根植于"美国是一个特别的国家"这种"美国例外主义"的理念之中。[4]

19世纪的美国，塞缪尔·莫尔斯发明的电报以及格雷厄姆·贝尔发明的电话相继问世。但是，很少有人认识到这些新技术也成为了推动国家统一、扩大国际交流的手段。1850年代，当希拉斯·菲尔德第一次提出铺设横跨大西洋海底电缆的时候，他不得不从欧洲的投资者那里筹集所需的大部分资金。为了制定电报技术的国际标准而成立国际电信联盟（ITU）的时候，美国为了防止外国的干涉而拒绝加入该组织。而美国于1911年实施的《无线电法》（Radio Act）中唯一一项涉及对外的条款也只是为了限制外
3 国对美国通信公司的经营管理。美国实行的这种保护主义政策，导致国际通信网络领域基本上被英国、法国、德国等欧洲各国瓜分占据。[5]

美国所展示出来的这种倾向于国内的姿态，正好与其在对外

传播方面表现出的保守态度相呼应。1871 年法国在普法战争中失败后，为了重振大国雄风，于 1883 年设立了法语联盟，旨在推动法国语言和文学在国外的普及。意大利和德国等欧洲各国也紧随其后，纷纷效仿。当时的美国仍然将外交视为政府之间开展的正式关系，认为越过他国政府而直接与其国民交流的行为毫无必要而且有失妥当。因此，美国并没有对是否应建立对外文化机构进行商讨。[6]

然而，美国自古就有这种传统，即外交官、传教士、慈善家以及教育人士会引进一些国外的教育和文化活动，而这些活动又会对美国文化教育的发展产生启蒙性的影响。1910 年，有“钢铁大王”之称的安德鲁·卡内基为了促进国际间的相互理解与世界和平，设立了“卡内基国际和平基金会”。三年后，号称“石油大王”的约翰·洛克菲勒为了推进社会公益和福利的发展，创立了“洛克菲勒基金会”。这种“美国例外主义”的理念，不仅为美国对欧洲事务采取不干预、不介入的政策提供了理论支撑，同时也赋予福音主义、人道主义以及国际主义以行动动机。不仅如此，它还内在地包涵了“昭昭天命（manifest destiny）”这一词语所象征的西进主义、扩张主义以及霸权主义的诱因。

二、美国最初的宣传机构 4

将美国拖入国际信息战的是第一次世界大战。

一战爆发以后，英国通过对美国的社会舆论施加影响，试图使美国赞同协约国所主张的大义。典型的例证是，当时掌控着国际通信网络的英国马可尼无线电报公司切断了美德之间的电报往来。另外，英国还将目光瞄准美国的政界、商界、教育界以及媒体界有影响力并且对社会舆论的走向有引导能力的人，积极地对其采取怀柔战术。作为反击，德国雇用了美国记者威廉·海尔，他曾经撰写过伍德·威尔逊总统的传记，并且对其当选总统也做出了一定的贡献。他在纽约和首都华盛顿举行派对、演讲会和记者招待会，批判英国对德国的封锁。但是由于通信网络受到限制，德方发表的反抗言论所产生的影响自然也是有限的。[7]

美国在战争的前三年始终保持中立姿态。威尔逊明确地将不参战作为连任的承诺。但是，随着路西塔尼亚号事件、德国再度实行无限制潜艇战以及齐默尔曼电报事件等的相继发生，美国国内舆论日益高涨，纷纷谴责德国的行径。还有一些人担心，一旦英法战败，美国将无法收回向它们提供的贷款。因此，威尔逊于取得连任两个月后的1917年4月，在议会表示将援助协约国并对德宣战。

5 仅一周之后，美国即成立了第一个宣传机构“公共信息委员会”（CPI）。委员长由威尔逊的亲信，记者乔治·克里尔担任。因此公共信息委员会又被称为“克里尔委员会”。委员中除了社会舆论研究的先驱——沃尔特·李普曼以及享有“近代公关之父”美誉的爱德华·伯奈斯之外，还包括一些能说服大众并能操纵舆论的代表性专家。

公共信息委员会制作了以论述美国的理想主义和战争大义为主要内容的宣传册。这些宣传册共计约30种，在美国国内分发出约7200万册，同时还向国外寄送了数百万册。此外，公共信息委员会还召集了共7.5万名演讲志愿者。由于他们演讲的平均时长约为4分钟，因而被称为“4分钟演说员”。他们在国内外累计演讲超过100万场次。这些反德的爱国演讲的听众人数多达4亿。将“德国泡白菜”（sauerkranut）改称为“自由卷心菜”（liberty cabbage）或“胜利卷心菜”（victory cabbage）也是发生在这个时期的事情。

逐渐成为电影产业新兴据点的好莱坞也积极声援宣传活动，他们制作了大量的诸如《小美国人》（*The Little American*）、《德国佬的灵魂》（*The Hun Within*）、《皇帝》（*The Kaiser*）、《役畜》（*The Beast of Burden*）、《德国佬的魔爪》（*The Claws of the Hun*）等带有浓厚反德色彩的影片。[8]

当时，英国有路透社，法国有哈瓦斯，主要强国中唯独美国没有属于自己的通讯社。于是，公共信息委员会设立了对外部门，以纠正外国人心中扭曲的美国人形象。对外部门由外国媒体局、无线一有线服务局、外国电影服务局共同组成。每个部门都在三 6
十多个国家设置了办事处，并开设读书室，负责发布威尔逊总统充满理想主义色彩并且富有高雅情调的演讲。负责中南美洲事务的伯奈斯，则一边与大企业进行交涉，说服它们在中南美洲设立分支机构，开设商店，一边向顾客分发公共信息委员会的宣传册，并在橱窗上张贴海报和照片。[9]

谈到战时宣传的效果，《美国的海外宣传》（*American Propaganda Abroad*）一书的作者菲茨休·格林这样写道：“如果有人怀疑公共信息委员会对美国所产生的影响的话，那么，他应该就第一次世界大战中美国与德国开战的原因，向那些受过教育的美国人请教，这样他们的疑惑马上就会消失。你将会得到类似的回答：‘这是一场为了结束一切战争而进行的战争’；‘那是为了实现民主主义，拯救世界’；‘为了推翻挑起战争的德皇……’美国人被克里尔洗脑了。”[10]

但是，1919年战争结束后，美国立即解散了公共信息委员会。

克里尔在对公共信息委员会的信息活动进行说明时并没有使用“宣传”（propaganda）一词，而是使用了“传播”。原因在于，自17世纪罗马教皇格里高利十五世建立天主教传教圣部以来，信奉新教的国家都认为“宣传”一词中含有轻蔑之意。而且，“宣传”一词容易与德国信息活动的虚伪和腐败联系起来。与此相对，美国试图给公众造成这样一种印象：公共信息委员会的信息活动是实事求是、光明正大且颇具教育意义的。

7 但是，从美国的建国史中可以看出，美国的地方分权现象十分严重，因而联邦政府很难实现中央集权，采取强有力的行动。需要特别指出的是，地方对于中央政府实行的信息和文化管理政策怀有强烈的抵触情绪，对于建立类似于欧洲中央集权国家中的文化部、对外文化交流机构等也持消极态度。公共信息委员会这一宣传机构煽动了大众的狂热情绪，但是发展了一段时间以后，议会和国民开始对它表示质疑。另外，在战后的“爵士乐时代”，空气中充溢着向往繁荣与和平的乐观情绪，公共信息委员会则显得愈发不合时宜了。

第一次世界大战是世界历史上第一场全面战争。它告诉我们，取得战争胜利不仅要依靠军事实力，“宣传”作为掌控本国和敌国大众心理的手段，是战争中更加不可或缺的部分。美国参议院议员海勒姆·约翰逊就曾一针见血地指出：“战争爆发时，首先牺牲的就是真相。”虽然公共信息委员会的活动只持续了短短两年，但它以“宣传”和“传播”之间的微妙区别以及政府在信息和文化方面的职责为中心开展活动，这标志着美国迈出了探索国际文化战略漫长征途的第一步。

三、民间精英支持下的日美关系

1853 年，马修·佩里率领四支美国海军舰队驶入浦贺。当时，美国在印度和东南亚尚未建立据点。为了与西欧列强展开竞争，美国必须打通通往大清国的太平洋航线。虽然当时美国已经通 8
过美墨战争（1846—1848 年）将太平洋沿岸地区（加利福尼亚地区）纳入本国版图，但它仍然需要一个新据点以供航行中的船舶中途停靠，为捕鲸船提供燃料补给，或者对遇险者实施救助等。而日本则是一个绝佳的选择。

美国成功地打开日本国门之后，国内爆发了南北战争（1861—1865 年）。由于战争规模巨大，美国无暇在海外实践其西进主义和扩张主义。因此，美国认为在处理美日关系方面，应将避免利害冲突、加深两国之间的友好关系列为上策。

1860 年，江户幕府首次派遣使节团访问美国。虽然使节团乘坐的是美国军舰，但作为护卫舰，日本的“咸临丸”号也参加了此次横跨太平洋的航行。舰长是幕府末期的核心人物之一胜海舟。除此之外，福泽谕吉、约翰万次郎（原名中浜万次郎）等人也搭乘了此舰。

自福泽之后，日本的众多知识分子开始将美国奉为“文明开化—近代化”的典范。学生们将美国作为留学首选之地，同时，基督教传教士和明治政府聘请的外国教师也大多来自美国。不久，这些外国教师就在促进日本的教育、宗教、文化发展方面发挥出了巨大的作用。例如，福泽谕吉设立了兰学塾（1858 年，现庆应义塾大学），森有礼设立了明六社（1873 年，现日本学士院），新岛襄设立了同志社英学校（1875 年，现同志社大学），津田梅子设立了女子英学塾（1900 年，现津田塾大学），詹姆斯·赫本设立了平文塾（1863 年，现明治学院大学）。1870 年玛丽·基德在赫本诊所里讲学，后来她创立了现在的阜氏女子学院。威廉·克拉克出任札幌农学校（现北海道大学）的第一任校长（1876 年），等等。

9 明治政府成立以后，日本希望建立天皇领导下的中央集权制度，因此转而对美国所倡导的共和主义保持戒备。实行了君主立宪制的英国以及欧洲的新兴帝国德国取代美国，成为了日本人心目中“文明开化—近代化”的典范。森欧外赴德国留学，夏目漱石留学英国，受聘的外国教师中，欧洲教师的数量占据了压倒性的多数。日本知识分子普遍认为，美国所谓的“文明”追求的是物质，普通而且肤浅，缺少欧洲那种富有精神性的、历史性的、高尚性的“文化”。

不久，日本相继在甲午中日战争（1894—1895 年）和日俄战争（1904—1905 年）中获胜，并且侵吞了朝鲜（1910 年）。以此为契机，日本一跃成为亚洲强国。而美国也通过美西战争（1898 年）占领了菲律宾群岛，侵吞了夏威夷，并强迫中国开放门户。一系列的扩张政策使得美国成为一个横跨太平洋两岸的国家。日美两国的利益在亚太地区产生了冲突。在这种情况下，美日两国相继分别在“彩色计划”（Color Coded War Plan）（1904 年）和“帝国国防方针”（1907 年）中将对方列为军事战略上的假想敌。自 1890 年起，以美国的太平洋沿岸地区为中心，兴起了一股排斥日本移民的运动。日俄战争以后，“黄祸论”更加泛滥，甚嚣尘上。

尽管这一时期日本的对美态度以及美日关系开始产生波澜，但是在民间层面上，交流协会与实业团体之间的往来却仍然十分频繁。

1898 年，日本第一个哈佛大学的毕业生金子坚太郎创立了美友协会。他是伊藤博文的亲信，曾经参与明治宪法的起草工作。
1908 年，当大白舰队（环游世界的美国大西洋舰队）抵达日本的 10
时候，日本举行了盛大的欢迎仪式。1899 年，一些居住在日本的美国贸易商人设立了美国·亚洲协会日本支部。

这两个组织在 1917 年合并成为日美协会。协会的首任会长由金子担任，名誉会长由美国大使罗兰·莫里斯担任，担任名誉副会长的有德川家达、涩泽荣一、高桥是清、高峯让吉等，新渡户稻造、币原喜重郎、团琢磨、池田成彬、井上准之助等人出任执行委员。这些人都是当时政治界、经济界和学术界的重量级人物。会员中有很多是大使馆的军官，或者出身贵族。日美协会俨然已经成为社会精英们的社交场所。

美国旧金山大地震（1906 年）发生后，金子和涩泽两人发起捐款活动，所募集的资金甚至超过了其他国家捐款额的总和。这样做并不仅仅是出于人道主义，更是日本针对美国黄祸论甚嚣尘上这一现况而采取的怀柔政策，以引导美国舆论向亲日方向发展。之后，涩泽等人还积极推动日美实业团体互访活动（1908—1909 年）的进行，并参与了日美同志会（1913 年）、日美关系委员会（1916 年）、日美有志协议会（1920 年）的创立和运筹工作。

日美协会成立于 1917 年，詹姆斯·赫本的远房亲戚哈登·赫本通过涩泽向东京大学方面提议，希望免费为其开设国际法课程。由于东京大学已经开设了涉及此领域的课程，于是东大反过来提议开设关于美国研究方面的课程。从第二年开始，法学院的三位教授开设了特别课程：由新渡户稻造、美浓部达吉、吉野造作三

人分别教授美国建国史、美国宪法和美国外交，课程分为数次讲授。关于赫本课程（或称美国课程）应该由谁来教授的问题，最
11 初赫本认为应该选择美国教师，但是东京大学则倾向于选择日本教师，打算先派其到美国留学三年，回国之后开始执教。赫本获悉这一情况后，主动承担了教师的留学费用。

他们最终选择了高木八尺。曾师从高木八尺的齐藤真是这样描述当时的情况的："当时，日本所有的大学都与东京大学一样，没有开设研究美国史的课程。在欧洲地区，虽然牛津大学在研究美国史方面开设了相关的讲座，但教师是从美国聘请过来的。就这一点而言，选择本国人来教授研究美国的课程，在当时是十分罕见的。日本人主讲的'广义美国史'课程的开设，具有划时代的意义。"[11]

同时，1904 年，美国第一个日本协会在波士顿诞生。最初，它只是由一些在日俄战争中支持日本立场的人组成的沙龙，后来，那些对日本感兴趣的学者、美术收藏家、外交官、商人等也逐渐加入进来，规模也扩大到旧金山、纽约、西雅图、芝加哥等全美各地。与日本的日美协会一样，他们邀请政要，举办演讲会、晚宴、音乐会、美术展览、访日旅行和演讲比赛等活动，还为留学生提供资助。

第一次世界大战期间，日美两国联手对付它们共同的敌人——印度。大正民主运动兴起时期，受到吉野造作等人所提倡的民主主义言论的影响，对日影响力已经淡化的美国再次站到了台前。其间，一直推动日美关系向前发展的，正是这些交流协会与实业
12 团体，日美两国民间精英阶层所采取的积极主动的行动发挥了至关重要的作用。而日方较美方更加积极，也反映出美国在日本人心中所占据的地位何等重要。

四、白色宣传与黑色宣传

虽然美国参加第一次世界大战的时间相当短暂，但是那段时期，日本对于“美国文化”的兴趣变得高涨起来。

美国在参战前，分裂国家的南北战争已经结束，横贯北美大陆的铁路业已开通，西进运动使美国国内得到了普遍的开发，地缘政治经济方面都朝着综合统一的方向发展。第一次世界大战作为一场全面战争，不仅推动了美国的国家统一和国民创世精神的发挥，也刺激了民众对于“国民政治”、“国民经济”以外的“国民文化（美国文化）”——包括国民意识和国民性——的希求。

1920 年代，美国全国广播公司（NBC）和美国哥伦比亚广播公司（CBS）开始面向全国进行广播。1930 年代，盖洛普调查投入运行，全国性的周刊杂志《生活》（*Life*）开始发行。无疑，媒体的发展推动了“国民国家”这一“想象的共同体”（本尼迪克特·安德森语）的建立。1928 年出版的玛格丽特·米德的《萨摩亚人的成年》（*Coming of Age in Samoa*）和 1934 年出版的鲁思·本尼迪克特的《文化模式》（*Patterns of Culture*）都成为了销量超 13
过上百万册的畅销书，而在此之前，很少有文化人类学方面的书籍曾受到过大众如此的追捧。虽然从表面上看，这些作品写的是“异国文化”，但作者的真正目的其实在于为“美国人”画一幅肖像，在于为“美国文化”描绘一幅蓝图。

在当时法西斯主义势力抬头以及共产主义迅速发展的背景下，这种对于“美国文化”的渴求，带有更多的政治色彩。

1920 年代，共产主义苏联通过广播、印刷物、文化教育交流计划和分布在各国的共产党组织直接向外国人民宣传共产主义。进入1930年代以后，“操控大众的天才”——约瑟夫·戈培尔所掌控的纳粹德国的宣传部，以及意大利法西斯政权所组织的宣传活动数量激增。

为了抵制法西斯主义和共产主义的影响，英国于1922年和1934年先后成立了英国广播公司（BBC）和英国文化协会。1937年，时任英国外交部长的安东尼·伊登曾表达过这样的观点：“如果外交政策失败，那么文化宣传做得再好也没有用。这种观点自然是完全正确的。但是，如果不向人民解释，不能取得人民的理解，毫不夸张地说，即便是最高明的外交政策也必将失败。”[12]

第一次世界大战以后，美国几乎没有在海外开展过任何宣传活动。但是，德意两国在中南美洲开展的具有挑衅性的宣传活动引起了美国总统富兰克林·罗斯福的担忧。于是，1938年，应大学和财团的要求，美国国务院增设了科学合作委员会（SCC）和
14 文化合作部（CU）两个部门。这是美国在和平时代设立的第一个对外文化宣传组织。但是归根结底，设立这些组织的目的仍然在于促进民间层面的海外交流活动，它的职能相对固定，只是负责处理一些协调性的工作。其原因主要是当时处于和平时代，加之国内还有相当一部分人不希望政府过多地参与海外事务。

但是，到了1941年，罗斯福毅然决定在国务院设立外国情报宣传局（Agency for Foreign Intelligence and Propaganda）。这是美国第一次在政府机构名称中使用“宣传”一词。

另外，罗斯福还同意在威廉·多诺万上校所领导的美国情报协调局（COI）中设立国外情报部门（FIS），负责海外情报活动，并任命剧作家罗伯特·舍伍德为部长。舍伍德说过：“一切海外情报活动都必须符合罗斯福总统演讲内容。”他命令下属必须以罗斯

福发表的著名演讲“四大自由（表达意见的自由、崇拜的自由、免于匮乏、免除恐惧）”的内容为行动指南。[13]

国外情报部门将办事处设在纽约，从1942年2月开始向德国进行短波广播，取名“Voice of America”（美国之音，简称VOA）。即便是关于国内罢工和种族问题等，美国之音也会毫不隐讳地进行报道。敢于公开本国的黑暗面是证明一个国家作为自由国度的最好方式，这是英国广播公司的一贯主张。而美国之音的这种行为，正好与英国国际广播电台的这一方针相契合。

另外，为了强化在中南美洲的情报活动，1941年，罗斯福采 15
取了在国务院设立美洲局（IAA），在委内瑞拉进行石油开采等措施，并委任熟悉当地情况的纳尔逊·洛克菲勒（后在福特政府中担任副总统）主持相关事务。洛克菲勒下令，广播节目必须全天24小时无间断地放送。同时，他还成功地说服好莱坞方面，使好莱坞电影不在播放纳粹宣传电影的影院上映。当时，好莱坞巨作《乱世佳人》（*Gone with the Wind*）风靡全球，世界各地的电影院争相播放，而纳粹电影则被挤出了电影院。[14]

珍珠港事件发生半年后的1942年6月，罗斯福下令将当时所有的战时情报活动机构并入新建立的战时信息办公室（OWI），任命记者埃尔默·戴维斯为局长。多诺万的军衔由上校升级为少将，任情报协调局解散后新成立的战略情报局（OSS）局长。

与总统直接控制的战时信息办公室不同，战略情报局属于参谋长联席会议的管辖范畴。它与陆军和海军一样，不仅要向国内报道战况，还要参与面向海外的宣传工作。两者之间更大的不同在于，战时信息办公室使用的是公开情报，出处明确、有事实根据，负责白色宣传活动；而战略情报局使用的是谍报和假情报等秘密情报，负责黑色宣传活动。战时信息办公室和战略情报局分别是后来的美国新闻署（USIA，1953 年）和美国中央情报局（CIA，1947 年）的前身（一般认为，美国独立战争期间，为了刺探敌军情报而进行秘密活动的乔治·华盛顿和本杰明·富兰克
16 林等开国元勋是美国谍报活动的始祖）。

虽然这两个机构之间存在着上述不同之处，但是相同的是，它们都拥有大量一线的研究者和专家。前面已经提到的本尼迪克特和米德就曾经在战时信息办公室工作过。米德所著的对美国的国民性进行了深刻剖析的《一位人类学家观察美国》（*And Keep Your Powder Dry, An Anthropologist Looks at America*，1942 年）以及本尼迪克特剖析美国的敌对国（德国、罗马尼亚和日本等）国民性的论著都诞生于其在战时信息办公室工作期间。本尼迪克特于 1945 年写成了报告书《日本人的行为模式》（*Japanese Behavior Patterns*）。翌年，报告被整理成书出版，取名《菊与刀》（*The Chrysanthemum and the Sword*）。众所周知，这本书不仅对美国的对日占领政策产生了巨大的影响，而且对于战后日本人的自我认识也有很大的帮助。此外，这里还包括因在《须惠村》（*Suye Mura*，1939 年）一书中所做的研究而闻名的约翰·恩布里和因《人类之镜》（*Mirror for Man*，1952 年）而广为人知的克莱德·克拉克洪。仅在文化人类学家之中，就有约半数的人是专职的，兼职人员约占四分之一，他们都参与了战争。[15]

米德是这样概括人类学家所发挥的作用的："我们坚信，如果人类学的知识得到正确利用，就可以做出重大贡献。例如，我们做出了不强硬逼迫日本天皇退位的正确决定，因为这是结束二战的重要前提。另外，战后对欧洲和太平洋地区应采取怎样的占领政策，各国怎样才能实现国家复兴，当然还包括如何解决美国国内的道德问题等，这一系列问题都属于人类学知识的适用范畴。

战争时期的体验让我们对于人类学家所肩负的责任有了更清醒的认识。在此基础上，我们着手进行更深入的研究。”[16]

另一方面，在英国谍报机构的帮助下建立起来的战略情报局 17
里，政治学、经济学、心理学、地理学、博物学等各个领域的研究者和专家负责向敌国提供假情报，以混淆视听。在这个过程中，一些流亡者、敌国国内的反对势力和内应也发挥了推波助澜的作用。这些人包括弗朗兹·诺伊曼、赫伯特·马尔库塞和奥托·基希海默等从德国流亡到美国的犹太人和马克思主义者。此外，还有格雷格里·贝特森、约翰·福特、阿瑟·迈耶·施莱辛格等人。

对黑色宣传活动有深入研究的山本武利这样说道：“马尔库塞提议向德国散布谣言，谎称具有高度传染性的结核病正在德国工厂的劳动者中间蔓延开来。诺伊曼还想借纳粹党要求将棺材标准化这一契机，散布流言称棺材的标准化与纳粹党所宣传的德意志精神的标准化具有理论上的联系，它与在衣食住行方面实行的标准化一样愚蠢。他们通过策划这种黑色宣传活动来宣泄自己对于祖国政权的不满，从中获得少许满足感。”[17]

战后，共有8位美国历史学会（AHA）会长和5位美国经济学会（AEA）会长曾经在战略情报局供过职。另外，在美国中央情报局和国务院合作的基础上，冷战期间形成的“地域研究”这一新的学术领域为当时美国所采取的外交政策提供了理论支撑。[18]这里附带提一下，美国于1951年成立了美国研究学会（ASA）。

与威尔逊政权时期的公共信息委员会一样，战时信息办公室也将好莱坞电影作为有力的宣传手段并大加利用。好莱坞方面受爱国情绪和利益的驱使，采取了合作的态度。因拍摄《史密斯先 18
生到华盛顿》（*Mr. Smith Goes to Washington*，1939年）、《生活多美好》（*It's a Wonderful Life*，1946年）等电影而为观众所熟知的

著名导演法兰克·卡普拉拍摄了以《战争序幕》(*Prelude to War*)为开篇的系列纪录片《我们为何而战》(*Why We Fight*)。沃尔特·迪斯尼在政府提供的大量资金支持下，应邀拍摄了大量诸如《唐老鸭参军》(*Donald Gets Drafted*，1942年)、《元首的面孔》(*Der Fuehrer's Face*，1943年，获奥斯卡金像奖)等带有强烈反独裁和反日色彩的电影。积极加强与民间的合作是美国文化宣传战略的一大特征。

1944年，国务院成立了国际情报局(INI)。它与已经建立的战时信息办公室，以及洛克菲勒执掌的(下属于国务院)美洲局一起负责情报活动。

第二次世界大战末期，美国的对外情报机关包括战时信息办公室、战略情报局、美洲局(下属于国务院)、文化合作部(下属于国务院)和国际情报局，另外还有在欧洲和太平洋战线上负责打心理战的(美国陆军的)心理战部队(PWB)。战略情报局和心理战部队展开了大规模的黑色宣传活动。它们向德国进行关于盟军已经登陆的虚假报道，也向日本散布流言，以达到消磨军队士气和分裂其内部的目的。

第二章　冷战下的文化宣传活动

19

五、宣传与文化

第二次世界大战结束以后，美国总统哈里·杜鲁门解散了战争中设立的战时信息办公室、美洲局、文化合作部和国际情报局等对外情报机构。它们所承担的职能转移到了于1946年国务院下设的国际信息与文化事务办公室（OIC)。这是美国第一次在政府机构的名称中同时使用了信息和文化两个词语。担任第一任局长的威廉·本顿曾信誓旦旦地说："这并非宣传活动，而是严肃的信息传播活动"。杜鲁门也曾经表示："为了使外国民众能够了解美国人真实的生活状态以及美国政府的目的和政策，我们将不懈努力。"[1]

同年，参议院议员詹姆斯·富布莱特提交法案，提议政府应将所拥有的剩余物资在他国进行出售转让，以此获得的资金用于该国和美国之间的文化教育交流活动。美国政府通过了这项法案，并称其为《富布莱特法案》。富布莱特提出了"相互理解"的口号，并且强调，文化教育交流活动虽不能完全脱离政治目的，但美国应该立足长远，重视开展以长远利益为目标的文化教育交流活动。

20 另一方面，被称为“冷战斗士”（Cold Warrior）的反共强硬派则主张，必要之时，应积极开展包括黑色宣传在内的情报活动。

另外，关于美国应该向世界传递怎样一种信息这一问题，也出现了意见分歧。1946 年，国务院计划举办一场海外巡回展览，展出作品则使用纽约现代美术馆里的现代艺术作品。这遭到了一部分议员的反对。“这些作品像共产主义者画的讽刺画一样，会在美国究竟是怎样一个国家这一问题上招致误解。”“如果要用人民缴纳的税金来举办海外巡展，那只能展出乔治·华盛顿和亚伯拉罕·林肯的肖像画。”但是美国政府并没有顾及这些人的反对，仍然举办了巡展。具有讽刺意味的是，世界各地却对这次展览给予了高度评价。[2]但自此以后，税金、国家利益和文化三者之间则开始产生各种各样的摩擦。

1947 年，预算削减导致了机构改革。国际信息与文化事务办公室被改组为国际信息与教育交流办公室（OIE），负责富布莱特项目和其他文化教育交流项目、美国之音、新闻报道以及电影制作等事务。虽然规模有所缩小，但之所以能够被保留下来，完全是由于冷战时期现实主义理论的缘故。人们普遍认为文化战争也是冷战的一个方面。

二战以后，欧洲青年人倍感疲惫。为了促进与欧洲青年人在知识层面上的对话，1947 年，三位哈佛大学的毕业生创立了“萨尔茨堡美国文明研究研讨会”（后来的萨尔茨堡美国研究研讨
21 会）。共有来自欧洲 18 个国家的 90 名学生参加了第一次研讨会，美国当时派出的是 F. O. 马西森、玛格丽特·米德和华西里·列昂惕夫。

除此之外，同年美国还制定了《国家安全法》，并成立了国家

安全委员会（NSC）、美国战争部（NME，后改称美国国防部DOD）以及美国中央情报局。

翌年，美国议会通过了《信息与教育交流法案》（通称《史密斯·蒙特法案》）。该法案规定美国进行的对外情报活动是加深与他国国民相互理解的手段，面向海外的情报活动不得面向本国国民展开。

围绕这项法案，人们对于“传播（信息、宣传）”和“文化（教育和文化交流）”之间的区别展开了激烈争论，一些人强烈要求将两者明确区分开来。因此，为了法律的顺利实施，美国国务院将国际信息与教育交流办公室拆分为负责对外信息宣传活动的国际信息办公室（OII）和负责交流计划、海外图书馆和文化设施相关事务的教育交流办公室（DEX）。

当时，国外接连发生了诸多重大事件。共产党在捷克斯洛伐克发动政变，国民党势力在中国本土节节败退，苏联对柏林实行封锁并进行原子弹试验，朝鲜战争爆发，等等。随着美国国内反共声势的高涨，杜鲁门开始推行大规模的军备扩张政策，并开展了“真理运动”以推行强硬路线。这反映出当时的美国害怕共产主义会在宣传战争中取得连续胜利。翌年，美国设立心理战略委员会（PSB），要求国务院、国防部和美国中央情报局等所有从事 22
心理战争的政府机构调整政策，并向国家安全委员会报告。

1952年，美国国务院设立国际信息署（IIA），国际信息办公室和教育交流办公室被并入其中。国际信息署处于半独立状态，其长官在人事和预算方面权力较大。《旧金山和约》（1951年）生效之后，过去一直由美国陆军管辖的日本文化教育交流项目也被纳入了国际信息署的管辖范畴，于是美国政府主导的第一次大规模的长期的民主化和再教育政策得以实施。

1953 年，根据总统德怀特·艾森豪威尔的指示，美国成立了国际信息活动委员会（通称杰克逊委员会），并由威廉·杰克逊担任会长。委员会对美国政府的对外宣传活动展开了调查。调查结束之后，委员会建议将所有的文化宣传项目统一整合到国务院的某一机构中，并赋予这一机构的长官更高的地位和权力。

大约与此同时，由戴维森·洛克菲勒任委员长的总统政府机构咨询委员会建议设立一个新的独立于国务院的宣传组织。这项建议被杰克逊委员会接受，同时也获得了美国国务卿和议会的赞成。

但是，由参议院议员伯克·海肯卢珀任委员长的美国参议院外交委员会海外项目下设的委员会提出，为了不给外国留下美国大搞对外宣传的负面印象，即便是成立了负责文化宣传活动的独
23 立机构，文化教育交流项目仍应归属国务院管辖。不仅如此，今后新设的独立机构所提出的意见都应经过国家安全委员会的仔细考量。

经过一番讨论，由总统直接控制的独立机构——美国新闻署于同年成立了。但是，文化教育交流项目仍归属国务院管辖。国务卿约翰·杜勒斯强烈要求将宣传活动从国务院的控制中解放出来，这对于美国新闻署的成立起到了重要作用。[3]

1950 年代，在中央情报局的指导下，美国开始通过针对亚洲的自由亚洲电台（RFA，1950 年）、针对东欧的自由欧洲电台（RFE，1950 年）和针对苏联的解放电台（RL，1951 年，后来的自由电台）进行广播。与主要报道美国政策和生活的美国之音不同，自由亚洲电台和解放电台通过利用一些流亡者伪造一些从其他国家发出的国内广播，主要报道一些在这些国家国内收听不到的消息和虚假情报。

除此之外，1950 年代初期也是约瑟夫·麦卡锡煽动的“剿红（极端反共产主义）”运动在美国大肆盛行的年代。在好莱坞，由于众多相关人士被诬陷与共产党有染，他们与政府持续许久的蜜月关系因此而中断（自此以后，除积极配合剿红运动的约翰·韦恩等人以外，好莱坞的大多数人都通过针对越南战争的态度表现出了强烈的反政府和反实力主义的倾向）。

在宣传和文化教育交流领域，弥漫着对各部门职员的怀疑情绪，同时对图书目录的内容也开始进行审查。但是，随着全世界对“剿红”运动展开的批判性报道，艾森豪威尔和美国议会担心 24
这将损害美国的形象，于是开始与麦卡锡主义保持距离。与此同时，美国也更加重视对外宣传活动。[4]著名新闻主持人爱德华·莫罗毅然站出来反对麦卡锡主义。1961 年受约翰·肯尼迪总统的任命，爱德华·莫罗成为了美国新闻署署长。

目前所述内容大致可以归结为以下四点：

第一，美国人对于政府的文化宣传活动持消极态度。究其原因，是由于民众对于中央集权政府的不信任和孤立主义传统的影响。文化宣传活动归根结底只是应对外部危机的手段，政府倾向于将其正当化。

第二，在宣传活动中，信息、传播、宣传（白色宣传、黑色宣传）等词语相互混杂。同时，这些词语经常与文化活动（文化教育交流）被放在同一层面进行讨论，从而导致“文化宣传活动”概念的模糊不清，致使其成为混乱、误解和争论的根源。此外，对宣传机构的屡次调整和重设也在很大程度上是由于这种模糊性。回顾历史可以看出，“战争期间”的现实主义将这种模糊性封锁了起来。再者，也可以如此解释：正是由于这种模糊性，才使得美国在战争时期随机应变政策的实施成为可能。

第三，美国政府的文化宣传活动在很大程度上得益于与民间的积极合作。与好莱坞的合作就是典型范例。另外值得注意的是，在文化宣传活动进行过程中，延揽了许多研究者和记者。

25 第四，从第一次世界大战到第二次世界大战，直至冷战时期，美国始终源源不断地向世界传播美国是“自由”和“民主”的象征，而“宣传”是“邪恶”的德国和苏联才会使用的手段。换言之，美国的文化宣传活动的关键在于确保自己不被贴上“宣传”的标签，并削弱那些开展对外“宣传”的国家的魅力，使其不正当化从而丧失其可信赖感。

新设的美国新闻署的宣传活动在战争时期常态化，而随着之后其活动的推进，以上所指出的这些问题又将为美国的国际文化战略带来更深层次的问题。

六、对天皇批判的回避

日本关东大地震（1923 年）发生之后，日本收到的捐款中，有三分之二来自美国。除此之外，美国还向日本派遣了许多医生和护士，提供了许多救援物资，这也可以说是对 1906 年美国旧金山大地震之后日本所采取的救援行动的一种回报。

但是，1924 年《美国移民法》的颁布导致了日本国内舆论反美情绪的高涨。金子坚太郎为了表示抗议，辞去了日美协会会长一职。

翌年，世界第一个真正意义上的国际非政府组织（INGO）——太平洋国际学会（IPR）在火奴鲁鲁成立。由此，世界各国围绕日美移民等太平洋地区存在的问题展开了信息交流和讨论。太平洋国际学会是夏威夷的基督教青年会（YMCA）主办的国际会议的延伸组织，很多信奉基督教的“知美派”学者和实业家都加入了该组织，诸如涩泽荣一、新渡户稻造、高木八尺、鹤见裕辅以及斋藤惣一等。担任第一任所长的涩泽为改善日美关系积极开展民间外交。譬如，他在静冈县的下田竖立了哈里斯纪念碑，还响应美国传教士古立克的号召，通过赠送玩偶来传递两国的友好情谊。 26

美国的日本协会与国际和平卡耐基基金会、东京的日美协会展开合作，试图避开政治问题，促进知识文化交流。1931 年，高松宫宣仁亲王访美之际也曾到访过日本协会。

虽然两国关系蒙上了阴影，但是美国文化仍然继续流入日本。龟井俊介曾这样说过：“自很早以前，日本人就从美国吸收了很多东西过来。石油、机械、电器等基础产业自不用说，另外还有美国面粉、啤酒、罐头等所谓新式住宅里所需要的日用品，以及舞蹈、棒球、电影等多方面的娱乐文化等。即便是在‘美国主义’广受非议的大正初期，人们似乎也并不在意，以摩登少女和摩登青年为代表的美国‘摩登文化’仍然受到了日本民众的广泛欢迎。”[5]

1930 年代，查尔斯·林白（1931 年）、查尔斯·卓别林（1932 年）、赫尔曼·鲁思（1934 年）等美国英雄人物相继访日，受到日本民众的热烈欢迎。与此同时，宣扬惩恶扬善思想并且经常以大团圆作为结局的好莱坞电影，仍继续受到日本观众的追捧。

但是，1930 年代爆发了经济危机，日本开始侵略中国。不 27
久，日本便决定与纳粹德国和意大利联手，共同对抗美国。文化未能阻止战争的步伐。

日美开战以后，美国民众开始对日本和日本人产生兴趣。战前任驻日大使的约瑟夫·格鲁所著的《东京报告》（*Report from Tokyo*，1942 年）成为了畅销书。两年之后，他将驻日期间所写的日记整理成书，取名《使日十年》（*Ten Years in Japan*），出版发行。

保证熟懂日语人才的供给成为当务之急，于是美国各地纷纷设立日语学校。除此之外，为了保证战后占领日本的顺利实施，美国在国内设立了陆海军军政学校，同时在主要大学中也设立了民政训练学校。日语学习教材和辞典由军方、大学和民间出版社负责编辑出版。曾经在这些日语学校接受教育的马里乌斯·詹森、赫伯特·帕辛、詹姆斯·阿贝格林、爱德华·塞登斯蒂卡、唐纳德·基恩等人后来构成了美国第二代“知日派”。这里附带提一下，第一代“知日派”中的代表人物有哈佛大学燕京学社（1928年设立）社长、俄国东洋学者塞鲁盖伊·艾利塞夫以及后来的驻日大使埃德温·赖肖尔。赖肖尔于战争期间辞去在同志社大学远东语言系的职务，受陆军邀请，负责培养密码人才学校的组建和运营工作。他们二者战前都曾经在日本学习过，十分关注日本文化。

当然，美国舆论对日本所怀有的感情也跌入了最低谷。因《西线无战事》（*All Quiet on the Western Front*，1930 年）而一举成
28 名的导演刘易斯·迈尔斯通拍摄了《紫心勋章》（*The Purple Heart*，1944 年）。影片讲述的是美军俘虏虽然受尽日军的严刑拷打，但为了国家利益仍然没有招供而最终牺牲的故事。影片赞扬了美军的英勇，鼓舞在对日战线上的战士发扬国威。

美国对日开展的情报活动中，派遣秘密地下工作者、分发宣传册、报纸宣传等方式实行起来都很困难，只有播放广播和空投传单的方式适合现实情况，效果也比较好。

1942年，战时信息办公室下属的美国之音开始向日本进行短波广播放送。但是，当时日本只允许极少数当权者和相关部门拥有短波收音机，短波收音机的数量也仅有数百台而已。换句话说，当时主要收听中波广播的日本民众（中波收音机已经普及到600万台）根本不可能收听到美国之音。

于是，1944年6月，格鲁向战略情报局长官多诺万建议设立面向日本的黑色电台。1945年4月，美国在刚刚从日军手中夺回的塞班岛设立中波地下广播电台——“新国民广播电台”。自此直至战争结束，美国一直将战时信息办公室的白色电台和战略情报局的黑色电台同时并用，开展对日宣传活动。这里附带提一下，当时由东京蔷薇*面向同盟国军队的广播，实质上是与美国之音相同性质的白色电台广播。[6]

美国对日开展情报活动的目的，在于打击日军士气，诱导内部分裂。在实施过程中，将避免批判天皇个人和天皇制度作为指导全体美军的方针。因为美国人担心，一旦批判天皇，反而会煽起日本人的敌对情绪，使他们更加团结。与其如此，倒不如赞扬 29
天皇是爱好和平的，批判日本军部蒙蔽了“天皇高贵的心”而发动了这场战争。

传单的内容中也很少直接提及天皇，即便提及，也要使用“阙字”（为了对天皇或者身份高贵的人表示敬意，在其名字前面空出一格或两格），极为细致地考虑到了阅读传单的日本人的心情。

对于美国人的这一考量，从事传单分析工作的山极晃先生举出了这样一个例子：“为了表明美国优待俘虏，他们制作了一些照

---

* 东京蔷薇即指二战时期东京广播电台的女播音员。——译者注

片传单，拍摄的是日本俘虏的生活状态和美方对他们进行看护照顾的情景。出于不暴露俘虏身份的考虑，美军将照片中的俘虏都蒙上了双眼。因为据美军的一份资料显示，俘虏极其害怕家人知
30 道自己被俘的消息，如果那样，他们还不如去死。”[7]

的确，诸如登载着虚构组织“忧国正义团”利用合成照片批判东条首相和艺妓们消遣作乐的行为等美国投下的大量传单之中，很多都与战略情报局有关。尽管传单的信息是虚假的，但是美国对于传单读者的心情和文化背景却有着十分准确的理解。能做到如此，是因为战时信息办公室和战略情报局充分利用了曾经在日本生活过的人、侨居美国的日本人、日裔美国人和愿意与美军合作的日本俘虏等。

在“鬼畜美英”的骂声中，日本将英语作为仇视和排斥的对象，而美国反而加强了日语教育和对日研究。这两者的不同也经常为后人所指摘。就此而言，油井大三郎提到的太平洋国际学会的事例十分具有启迪意义：“战前，日本军部势力抬头，太平洋国际学会的活动受到压制，在太平洋战争中甚至惨遭解散的厄运。
31 然而在美国，太平洋国际学会中不仅包括斯坦福大学校长雷·威尔伯和洛克菲勒财团的相关人士，还有欧文·拉铁摩尔等许多进步学者，他们在太平洋战争中积极协助美国政府制定相关政策。”[8]

特别值得一提的是，在这个日美态度截然不同的时代，高木八尺仍然继续教授赫本课程。高木曾经这样说过：“继续担任‘美国课程’讲师是我的职业，每年我都有几个月时间闭门不出，为这些即将奔赴前线的学生讲课。此时我强烈地感受到，如果说我有什么拿得出手的东西的话，我想把最好的一面拿出来和他们分享，并衷心希望他们能够从中汲取养分。”[9]

开战之后，罗斯福总统很早便开始就战后日本改革方案的制

订问题向相关人士进行咨询，并命令他们于1943年3月8日给予回复。[10]

七、民间情报教育局（CIE）图书馆

1949—1952年驻日盟军最高司令官总司令部（GHQ）对日本实施军事占领，推行非军事化和民主化的改革。当时，主管精神、风俗、教育、宗教等文化方面的非军事化和民主化改革的是民间情报教育局。这项改革涉及领域极其广泛，包括媒体统制、政教分离（神道指令）、六三制、教育委员会制度、教科书审定、教育改革、以国会图书馆为代表的现代图书馆制度的引入、文化遗产 32
的保护、女权运动以及社会教育等等。

民间情报教育局本部设在东京内幸町的东京广播大楼内，分为若干科室，其中一个是情报科，由负责政策企划、新闻出版、放送、电影、话剧、民间情报教育局图书馆（信息中心）等项目的岗位组成。

民间情报教育局图书馆以人口20万以上的城市为中心，截止到1950年共在全国23个城市（按开设顺序依次是东京日比古、京都、名古屋、大阪、福冈、新潟、札幌、仙台、金泽、神户、长崎、静冈、高松、横滨、函馆、熊本、广岛、东京新宿、长野、松山、冈山、秋田、北九州）开设了图书馆，并向民众开放从美国寄来的英文原版书和期刊。占领的7年中，共有多达50名图书管理员来日，在参考文献查阅工作、图书馆互相借阅制度、开架式图书馆的引入等方面为日本公共图书馆的服务方式带来了巨大影响。另外，作为文化活动场所，民间情报教育局还举办电影放

映会、展示会、演讲会、论坛、唱片演奏会，开设舞蹈教室和英
33 语会话教室。1945 年 11 月，二战结束仅三个月，第一个民间情报教育局图书馆就神速般地在东京的内幸町（后来又搬到有乐町）成立了。

美国之所以能在如此短的时间内在战败国建立起图书馆，原因之一是美国人已经具有在海外运营图书馆的经验了。

34 第一次世界大战期间，民间组织美国图书馆协会（ALA）为远征法国的美国士兵设立了图书馆。战后，这个图书馆在住在巴黎的美国人和法国人的建议下，作为美国的图书馆继续运营。另外，在政府方面，公共信息委员会的对外部门也在三十几个国家设置了办事处，并开设了阅览室。

1920—1930 年代，以中南美洲地区为中心，依照与美国的双边协议，分别设立了两国之间的文化中心，开设英语课程，举办各种活动，还开设了图书馆。

第二次世界大战期间，战时信息办公室在当时驻同盟国英国的美国大使馆里设立了图书馆。后来，这个参考图书馆（在当地被称作前哨基地的小型图书馆）在世界各地普遍地设立起来。1944 年，美国预料到欧洲战争即将结束，随之在从纳粹阴影中解放出来的 40 个地区设立了野战图书馆。

美国设立图书馆所采取的方法是，首先由各个领域的专家和图书管理员合作制作出共通的基本藏书目录，在此基础之上，根据各个地区的具体情况和士兵的要求再追加藏书。因此，民间情报教育局图书馆得以迅速铺展开来。

然而，在美军管辖下的德国、澳大利亚、日本和韩国的图书馆，其正式名称不叫“图书馆”，而叫“信息中心”（information center）。后来在读者的建议下，德国举办了一个命名征集赛，将

“信息中心”改名为“美国中心”（America house）。[11]

在长崎民间情报教育局图书馆工作的川上繁治描述起当时的情景时说：“我第一次知道民间情报教育局图书馆是1948年高三 35
前的暑假结束时。当时，民间情报教育局图书馆刚刚在羽衣町的关税大厦内成立不久，就在大波止去到东山手的学校的路上。我很早以前就想去参观气派的关税大厦，于是和朋友一起，两个人诚惶诚恐地进去了。一进去就看到馆内全都是图书，书架上整整齐齐地摆着崭新的图书和杂志，令人不由得佩服：果然是‘美国’啊。夏天有电扇，冬天有电炉子，一直开到夜里十点。遭遇原子弹轰炸的长崎市内一片废墟，只有这片绿洲散发出知识的芬芳。”[12]

《朝日新闻》（1950年1月15日宫城版）介绍了仙台民间情报教育局图书馆第一任馆长回美国后寄来的回想录：“日本人不擅长英语听说，但是阅读没有问题。大家都随身携带口袋大小的英日词典，如饥似渴地读书。……有一位72岁的老奶奶，为了阅读英文报纸，每次乘四个小时的电车，每周特地来三次。也有科学家、医生和家庭妇女。我经常看到家庭妇女们面带微笑地捧读厨房改造和流行服饰的画册的样子。日本人非常爱惜图书。……有一个在土木行业工作的人，接到紧急出差的命令，特地从出差地 36
发来英文电报，说他借阅的杂志不能如期归还了，又用挂号快件将杂志寄过来，杂志用好几层纸仔仔细细地包裹着。……这些日本员工，无论交代他们什么工作，从未流露过任何不满的表情，非常值得信赖。这一年里，通过与他们的共事，我深刻地感受到，受军国主义毒害之后，日本人变得爱好和平，欣然接受了我们的民主主义。”[13]

当初，围绕“占领”有很多种说法。

曾为情报科妇女问题负责人埃塞尔·威德担任秘书兼翻译的伊藤和子回想起在民间情报教育局工作的情景时说："初期的美国员工都是普通的美国人，他们人很好。但是1947年'二·一大罢工'之后，他们都回国了，新来的人都抱着在殖民地工作的想法，带来很多问题。津田（英语学校）的前辈中也有许多人辞去驻日盟军最高司令官总司令部的工作。……辞职后每天早晨起来，会觉得'好开心呐，不用去（民间情报教育局）上班了'。美国人虽然很热情，但是部署工作的报告之类的文件从不给日本人看，美国人和日本人完全生活在两个世界里。占领就是这么回事。虽说是占领，但是美国对日本的占领已经非常仁慈了，不过从被占领者的角度来看，几乎是一种生理性的厌恶，那种厌恶感至今没有改变。我当时也是这么想的，不愿提及'占领'的原因是，实际上占领政策没什么大不了的，他们却装模作样，弄出一副好像
37 很了不起的样子。虽然现在看来，那只是美国人的行事方式，但是当时只想尽快从那种世界里摆脱出来，越快越好。"[14]

关于美国对日本的占领，出生于瑞典的记者莫尼卡·布劳（Monica Braw）说："毫无疑问，几乎所有的日本人都接受了民主主义，认为民主主义比军国主义好。日本人与有权者相处时十分谨慎，避免争论，他们已经习惯了接受上级的命令。因此，即使有人不认可民主主义，或者对美国的做法持有异议，也不会表现出来的。他们习惯了接受审查，想必对美国人的审查也没有太惊慌吧。这也是因为他们没有将审查时期与民主主义的理想社会相比较，而是与占领前他们生活的社会相比较。"[15]

尽管日本人心存不满，但是美国的占领政策总体上进行得还算顺利。五百旗头真对此表示："能对战败的对手如此宽宏大量地伸出援手，无论从人性角度还是从政治智慧上看，都是值得赞赏

的。对日占领与马歇尔计划一样，一直被认为是战后美国的最佳政绩之一。”[16]

这一点可以从麦克阿瑟离任时的盛况窥见一斑。1951 年 4 月，麦克阿瑟元帅被杜鲁门总统解任。他离开日本的那天虽然是早晨很早的时间，但是去机场的路上挤满了 20 万举着星条旗和太阳旗夹道相送的日本民众（只是，麦克阿瑟回国后，在美国参议院军事外交合同委员会上称日本是“精神年龄为 12 岁的少年”，这给日本人浇了一盆冷水）。

1952 年，随着《旧金山和约》（1951 年）的生效，驻日盟军
最高司令官总司令部解散，民间情报教育局图书馆从美国陆军移 38
交到国务院的国际信息署，后来又改名为美国文化中心（ACC）继续活动，成为现在美国中心（AC）的前身。

对于美国而言，战后对日文化宣传活动的另一个舞台是再次启动的日美协会。尤其是 1940 年代末以后，美国的冷战意识逐渐明确，在日美协会发表的演讲很多情况下成为了美国对日政策的发布会。1948 年 1 月陆军长官肯尼斯·罗耶尔发表题为“日本是对付共产主义的防护墙”的演讲，1951 年 2 月杜鲁门总统的特使约翰·杜勒斯发表题为“对日讲和方针”的演讲。日美协会的那次午餐会是杜勒斯来日期间唯一的一次正式活动，当时拒绝美国提出的让日本立即重整军备的要求的吉田茂首相也在。可以说日美协会成为了日美两国政要进行直接沟通的为数不多的渠道之一。[17]

虽然战后不久，日美协会以外的民间团体活动总体上不是很活跃，但是日本关于美国研究的发展值得关注。

以美国研究的先驱高木八尺为中心，在松本重治、藤原守胤、中屋健一、清水博等人的帮助下，美国学会于 1947 年成立。根据

斋藤真的表述，驻日盟军最高司令官总司令部没有参与其中："虽说是占领时期，在我印象中，占领军的某某少佐没有作为来宾打过招呼什么的。之后美国学会也一直秉承着这一原则，不与占领
39 军有原则上的瓜葛。"[18]

这个时期的美国学会，其研究的性质还很强，《美国历史原典》全五卷加别卷出版（岩波书店，1958 年）以后，直至 1966 年再次成立之前，事实上，它停止了一般性的活动。但是，在洛克菲勒基金会的资助下，美国研究的组织化过程中还是诞生了两个大型研讨会。其中之一是"东京大学—斯坦福大学美国研究研讨会"（1950—1956 年），另一个就是在前者基础上举办的"（第一次）京都美国研究夏季研讨会"（1951—1987 年）。通过这些研讨会，日本国内的美国研究者们形成了全国性的网络，东京大学和同志社大学成为日本的美国研究的重镇。而美国国内的美国研究学会也是 1951 年才成立的，由此不难看出日本的美国学会的先导性。

战后也是美国文化解禁的时期。从英语会话到电影、音乐、服装、饮食、家具、住所，甚至恋爱对象的家族关系，"美国生活方式"（American Way of Life）成为"富裕"和战后"解放"的象征。

"占领"总是伴随着被占领民族的心理扭曲、丧失感和劣等感的。尽管如此，美国的占领政策总体上的进展还是顺利的，而且有许多关于日本人主动接受了"占领"的理由。猿谷要表示："农地解放、财阀解体、女性参政权以及和平宪法的制定，无论哪一个，在当时仅仅依靠日本几乎是不可能实现的。作为占领军占
40 领日本的美国人当中，大概也有些思想前卫的人，想把在美国也无法实现的理想在日本试一试。""如果没有这么大的变化，日本

人会如此喜欢美国吗?”“日本人的巨大变化，是否与日本人原本就喜欢美国的流行文化有关呢?”“虽然由于战争，美国文化一直被视为‘魔鬼野兽’受到压抑，实际上它一直像看不见的地下水一样存在着。正因如此，战争一结束，美国文化一解禁，压抑的地下水立刻喷出地表，瞬间就覆盖了整个日本。”[19]

在这第二次“文明开化”（第一次是明治时期）的背景下，描写美国阴暗面的《愤怒的葡萄》（*The Grapes of Wrath*，1940年）、《公民凯恩》（*Citizen Kane*，1941 年）、《香烟之路》（*Tobacco Road*，1941 年）等电影的上映时间被推迟了，批判美国占领政策的海伦·史密斯的著作《美国的镜子——日本》（*Mirror for Americans*：*Japan*，1948 年）的翻译出版也被驻日盟军最高司令官总司令部禁止。这表明美国对国内也进行了规制和审查。战前日本的美国电影占有率为 16%，1947 年增加到 42%，背后的原因就在于驻日盟军最高司令官总司令部所采取的美国电影优惠政策。[20]

但是，开战前已经积累起来的两国民间交流、对于美国流行文化的憧憬和观点的改变、明治的自由民权运动以及大正民主运动等等，令日本人轻而易举地接受了美国，而且这给予日本的占领和复兴以安定性也是不容置疑的事情。美国人努力理解日本的语言和文化，战争结束前的两年多就开始制作战后日本的改革方案，战后仅三个月就设立了民间情报教育局图书馆等等。从如此 41
周到的政策来看，对日本的占领是不能与对伊拉克的占领相提并论的。日本全国各地的民众寄给麦克阿瑟将军的超过 50 万封的书信就是再好不过的证明。[21]

八、慢速传播媒介

1953年，美国新闻署成立。与此同时，国务院约30%的员工被调至这个直属白宫管辖、专门负责美国的宣传和文化交流的独立机构。

关于成立美国新闻署的最初目的，艾森豪威尔总统表示："为了向外国民众证明，美国的意图和政策与他们所崇尚的自由、进步、和平这些'合理'的愿望是一致的"，"解释说明美国政府的意图与政策，强调这些政策与外国民众'合理'愿望之间的关系，揭露那些试图阻碍美国政策的阴谋，并从美国人民的生活和文化等侧面加以说明，从而促进世界对美国政府的政策的理解。"[22]也就是说，美国新闻署的目标在于纠正敌对国家对于美国形象的歪曲宣传，并向世界传播有利于展示美国正当性的信息情报。总而言之，艾森豪威尔的意图是进行一种单向的信息传播。

然而，随着国际形势发生的巨大变化，诸如斯大林逝世以后国际紧张局势的缓和、朝鲜战争的停战、苏联发动"和平攻势"、艾森豪威尔在联合国发表"和平利用原子能"的演讲等，追求及时性的"快速传播媒介"不再是唯一的需要，社会开始构筑一种新的持续性关系——注重传播影响效果的"慢速传播媒介"应运
42 而生，诸如英语教育、图书馆、图书翻译、展览会、音乐会、两国间的文化交流中心等等。

1954年，由美国新闻署和国务院赞助的格什温歌剧《波吉与贝丝》第一次在海外上演。然而，议员们却对此提出强烈批评："如果要推广这部涉及南卡罗来纳州贫民窟的种族歧视、违禁药

品、强奸和贫困问题的作品，为什么要使用人民交纳的税金呢？”但事实上，无论在贝尔格莱德、莫斯科，还是在华沙，这部歌剧都赢得了当地观众的高度赞赏，并给他们留下了深刻印象——美国是一个开放而宽容的国家。[23]美国作家杜鲁门·卡波特在纪实小说《受倾听的缪斯》（1956 年）中写到了年轻的他追寻过这部歌剧，并见证了它在列宁格勒首演时的情形。该小说的名称是源自苏联文化部部长所说的“各位的到访，意味着我们向和平迈出了第一步。正所谓‘大炮一张口，缪斯便沉默；炮声一停息，缪斯便高歌’”这句话。

之后，日内瓦四国首脑会议和日内瓦和平利用原子能国际会议（1955 年）的召开，以及苏联中共中央第一书记尼基塔·赫鲁晓夫对斯大林的批判（1956 年）等一系列事件的发生，促进了美苏两国的和解与交流，双方在宣传和文化活动领域的关系也开始迅速“解冻”。

1956 年，美苏两国在出版物方面达成一致，分别出版发行了杂志《美国画报》（*American Illustrated*）（面向苏联）和《苏联》（*USSR*）（面向美国，后改称《苏维埃生活》（*Soviet Life*））。《苏 43
联》描绘了苏联农民和钢铁工人的真实生活，《美国画报》中则刊登了大量有关美国的最新款汽车、费城交响乐团和帕洛玛天文台的彩色照片。虽然最终《苏联》的销量不尽如人意，但是《美国画报》却受到了苏联人民的极力追捧，甚至在黑市上卖出了高价。[24]

不仅如此，同年，艾森豪威尔给赫鲁晓夫写了一封亲笔信，信中表示不要让肩负着祖国重任的青少年成为“偏见与误解的受害者”，并提议美国准备无条件邀请数千名苏联学生赴美进行为期一年且全额免费的参观学习。因为艾森豪威尔考虑到，目前两国人民极其缺乏相互接触与交流，这将增加两国之间的偏见与误解，并使得源自冷战时期的对峙继续加深。

但是，由于时任国务卿的著名的极端反共主义者约翰·杜勒斯的强烈反对，这封亲笔信最终未能送达赫鲁晓夫的手中。在杜勒斯看来，艾森豪威尔的提议无疑是天真且懦弱的，这会挫伤同盟国家的士气，动摇反共资本主义阵营内部的团结。杜勒斯主张："学生交流，不仅要让苏联了解美国，还应为了颠覆苏联政府而展开。"当然，苏联间谍伪装成学生盗取美国机密也是他所担心的问题之一。

尽管美苏关系迅速回暖，但是在邮件检查、入境检查、采集
44 指纹和限制苏东阵营人员入境等方面，美国政府仍未采取缓和措施，致使全世界对美国的批评之声不断，诸如"美国正拉开铁幕""又将再一次走上自由世界盟主的道路"等。国务院担心美国形象因此而受损，于是开始软化对两国人民交流计划的态度，表示"美国才是解除文化枷锁的领头羊"，"虽然行使武力本应是防卫性的行为，但如果是为了传播对自由的渴望，武力的行使也可以用于攻击"。[25]

1958 年，美国与苏联终于达成了第一个文化交流协定。

根据协定，美国向苏东阵营国家输出了一系列电影，诸如《四面夏娃》（*All About Eve*，1950 年）、《日落大道》（*Sunset Boulevard*，1950 年）、《码头风云》（*On the Waterfront*，1954 年）、《伊甸园之东》（*East of Eden*，1955 年）等。与那些宣传性的电影截然不同，这些影片中都包含了批判美国的元素。尽管有些好莱坞的工作人员对于选择这类电影的做法感到质疑，但最终它们却带来了意想不到的效果——展现了美国在自我批评方面同样也是一个开放而宽容的国家。[26]

1959年，在美国新闻署的主导下，美国在苏联的莫斯科举行了美国国家博览会。时任美国副总统的尼克松与赫鲁晓夫在会场 45
样板房的厨房展台前所展开的“厨房辩论”，也在此后成为人尽皆知的话题。“与其比较哪个国家的机器人更强大，比较谁的洗衣机更实用不是更好吗？”“这样的竞争谁都不会输，而且会出现无数的赢家。”而这绝不仅仅是一场单纯比较资本主义与共产主义优劣的论战。

此时，美国之音也开始淡去其反共的宣传色彩，参照英国广播公司的运营模式，将播报重点逐渐转向综合性的国际报道。其中，电台增加了爵士乐代表人物艾灵顿公爵和弗兰克·西纳特拉的专题节目，赢得了美国国内外各界听众的好评，甚至包括苏联东欧阵营的国家。当时，美国之音在全世界拥有超过1亿的听众，其中苏联东欧阵营国家的听众就占了30%。[27]美国之音四十多年来备受欢迎的爵士乐节目“美国音乐”（Music USA）的主持人威利斯·康诺弗在谈到爵士乐的意义时说：“爵士乐是在有条不紊和混乱交错的混合状态下产生的。虽然音乐的节拍、基调和弹奏的琴弦是确定的，但除此之外，乐手们可以尽情发挥，自由表现，这就是爵士乐的含义。而且它就象征着美国本身……爵士乐是一种用声音来体现美国特色的东西。身处美国可能体会不到这一点，其他国家的人们正切身感受着美国的自由。”[28]

说到艾森豪威尔时期美国的宣传和文化活动，不得不提到1956年开始的“人民交流计划”（People-to-People Program）亲善活动。艾森豪威尔发起该活动的初衷是：“如果不同国家的百姓能 46
进行相互交流，那么就能促进人们对于国际的理解，共创世界和平”；但他同时也想到，相比精心策划而使苏联东欧的阵营瓦解，依靠从国际舆论中获得的地位和信任来强化资本主义阵营的关系才是最佳之选。

由于资金困难，“人民交流计划”举步维艰，进展愈来愈困难。为此，一些企业团体和慈善组织积极提供资金援助，这不仅大大改善了交流计划资金紧张的局面，同时还提高了人们的热情。这令艾森豪威尔着实大吃一惊。

在“人民交流计划”中，以“城市”为单位的交流受到人们的特别关注。1950年代至1960年代这段时间，美国缔结了一大批的“姊妹城市”。

其实在交流计划开始之前，姊妹城市就已经存在了。其中，1893年缔结姊妹关系的同名城市——北卡罗来纳州新伯尔尼（New Bern）与瑞士的伯尔尼（Bern），就是最早的例子。以市民个人友好经历为契机缔结为姊妹城市的例子有，二战后的1947年，明尼苏达州的沃辛顿（Worthington）与德国的克赖尔斯海姆（Crailsheim），以及1948年，加利福尼亚州的帕塞迪纳与德国的路德维希港（Ludwigshafen）。[29]

在艾森豪威尔的倡议之下，美国召开了有关“人民交流计划”的会议，非营利组织——美国姊妹城市协会（SCI）也随之诞生，为此后美国在制定实施姊妹城市政策方面做出了巨大贡献。截止2007年，美国国际姊妹城市协会的会员国已经遍及世界126个国
47 家的250多个地区。

艾森豪威尔执政期间，第二次中东战争（1956年）、匈牙利十月事件（1956年）、苏联成功发射人类第一颗人造地球卫星“伴侣一号”（1957年）和古巴革命（1959年）等一系列的大事件相继发生，加上美苏两国的军事扩张，诸如核军备竞争和太空竞赛，以及苏联东欧阵营国家发出的干扰（无线电干扰）等，都印证了美苏两国正处于冷战的事实。艾森豪威尔政府撤消了杜鲁

门总统设立的心理战略委员会，建立了行动协调委员会（OCB），并下令要强化负责心理战的国家安全委员会与有关政府机构之间的合作关系。不仅如此，在中央情报局局长艾伦·杜勒斯（国务卿约翰·杜勒斯的弟弟）的领导下，冷战期间的中央情报局也发生了巨大变化。与此同时，美国新闻署的工作却面临重重障碍，诸如党派之争导致的预算削减，国务院的冷漠态度以及外交决策方面缺少发言权等。

但对于总统艾森豪威尔而言，他对于美国新闻署的经营理念和工作性质感到万分认同。在他的率领下，人们通过“慢速传播媒介”认识了“交流”和“持续性关系构筑”的重要性。[30] 1959年年底，艾森豪威尔还访问了亚洲、中东以及欧洲地区的共11个国家，这在当时来说已经属于特大规模的出国访问了。

作为二战时欧洲战区的最高指挥官，艾森豪威尔在其总统离职演说（1961年）中提出，美国要提防作为“军事—工业综合体”的实力增强所带来的影响，可以说这是一位有良心的美国军人给世界敲响的警钟。

九、“对日心理战略计划” 48

1948年，陆军长官肯尼斯·罗耶尔在演讲中说：“日本是对付共产主义的防护墙”。受中国共产化和苏联核试验成功的影响，美国对日政策的重点逐渐从驱逐右翼势力转移到了与共产主义作斗争方面。本着这一思路，在日本国内采取了诸如释放岸信介和儿玉誉士夫等战犯集团，解除对被开除公职人员的处分，洗白赤色分子以及创设警察预备队等一系列行动，美国策划走“相反路线”的企图昭然若揭。再加上舆论对于独立后依然大规模驻留的美国军事基地的反感日益增强，各种不满情绪的积累很可能导致国民情绪向反美主义转化并集中。对于讲和后的日本，美国文化宣传活动的关键是坚决避免刺激日方的主权意识和自尊心，从而形成亲美反共的舆论氛围。

毫无疑问，干预日本舆论很有必要，但是太过直接的干预又有可能产生相反的效果。面对此种艰难的状况，曾在美国新闻处（USIS，美国新闻署的海外派出机构）东京办公室任职的柯利福·福斯特作了如下回顾：“美国新闻处设立于1950年代，当时的日本正处于政治不安定的时代，经济状况也很艰难，被左翼势力支配的学生、劳动者和老师频繁地组织运动。当时许多媒体的左派意识极强，他们在大学校园里大肆制造反美情绪，使当时的大学校园笼罩在反美情绪之中。作为美国驻扎在日本当地的机构，我
49 们接触教育者、劳动者和学生，努力营造一个能使他们更好地理解美国的环境。为此，我们充分运用了美国文化中心的图书馆和个人的人脉资源。通过富布莱特交流计划，选拔日本的年轻领袖访问美国，使日本人民对于美国社会和文化有了新的认识。最有成效的是促使工会的稳健派领导人赴美认识美国工会的相关人员。日本的美国新闻处所领导的工会项目产生了深刻的影响，最终大大扭转了左翼势力主导工会的局面。同样的变化也发生在媒体和大学中间。一些大学推进了美国研究，媒体对于日美关系的报道也变得更加客观。后来由于预算削减，一些美国中心不得不关闭。大学和县政府还对此表示了强烈抗议，县知事甚至向我们的大使请愿。”[31]

美国新闻署成立于1953年，当时美国已在世界67个国家设立了海外机构。海外派出机构的美国工作人员有926人，雇用的

当地工作人员有5586人；日本的美国新闻处有61名美国工作人员（约占总数的7%），297名当地工作人员（占总数的5%）。日本的美国新闻处的美国工作人员的人数仅次于德国（189人）和法国（63人），列居第三位。由此可以看出美国新闻署对日本的重视。[32]

美国政府明文规定将上述福斯特提及的工会项目等作为当时对日文化政策的方针。由杜鲁门设立的心理战略委员会制定的“对日心理战略计划”（PSB D-27，1953年1月）在艾森豪威尔政 50
权成立后被取消，国家安全委员会宣布实施“对日目标与方针”（NSC125/6，1953年6月），目标在于“削弱日本内部的中立主义、共产主义和反美主义”。社会党的支持基础——“总评”（日本工会总评议会）成为其最大的目标。以总评为首，工会的稳健派领袖纷纷收到美国的访问邀请。1954年，即将就任总评事务局局长的岩井章出访美国。[33]

1994年，根据从美国国家档案馆（NARA）发现的14份机密文件（1951年12月—1959年7月的微缩胶片442张），讲谈社的月刊杂志《评论》（*Views*）针对此次渡美领导的运动对岩井章进行了采访。岩井章简单地承认了事实，他这样说道：“……这不只是邀请，我也思考过目的。……美国大概想洗脑吧。……当时，也见到了副总统理查德·尼克松。”[34]

日本原社会党调查部部长上住充弘在接受该杂志采访时作了如下回答：“1950年代后期至1960年代期间，（社会党的）国际局的前辈和同事们都去美国留过学或者收到过美国的邀请。我也在浅沼（稻次郎）总书记的推荐下，拿到密歇根州立大学的奖学金，留学了一年。”[35]

除工会以外，学生（特别是全学联——全日本学生自治会总联合会）、大学教师、记者、农民和妇女组织等均在目标之列。[36]

51 据该杂志介绍，美国新闻处非常警惕日本的最高学府内出现的“左倾”化现象，所以还邀请诸如京都大学的猪木正道、高坂正显和大石义雄等这些可能成为反共势力核心的教师访问美国。杂志还刊登了对猪木的采访情况：“……看着机密文件的全译文版，渐渐地（猪木的）脸就僵住了，（猪木）发出了惊讶的声音。‘我完全没想到美国背地里有这种阴谋。不过，我去了美国之后，确实对美国感觉更加亲切了，这是事实。连我夫人也说我和以前相比变得亲美了。结果美国达到目的了。’他苦笑着说道。”[37]

作为美国宣传文化活动的手段之一，“人员交流”的历史在制度上可追溯到1940年代初。1942年，在国务院的主办下，中南美洲各国的记者受邀到美国访问。第二年则是中国的各界领导。根据1948年的《史密斯·蒙特法案》，美国设立了数个人员交流项目，总称为“国际访问者计划（IVP）”（2004年改称为国际访问者领导项目）。该项目每年从世界各地招聘数百人，并与美国各地的民间组织协力开展活动。

1953年，40名日本人首次参加国际访问者计划（参加人数最多的是1968年，达75人）。到2004年为止，日本的参加者共计2300人。这些访问者中，还包括海部俊树、上坂冬子、岸田今日子、清源武彦、日高义树、大江健三郎、箱岛信一、细川护熙、
52 渡边昭夫、野坂昭如、菅直人、小池百合子、村上春树、神崎武法、本间长世、大冢信一、福岛瑞穗和若宫启文等。

截止2004年，全球收到过访美邀请的人数超过12万，其中担任过国家元首的有200多人，担任过内阁大臣的有500多人，另外还有几千名的政界、商界、文化界人士和记者。托尼·布莱尔、玛格丽特·撒切尔、格哈德·施罗德、哈米德·卡尔扎伊、

安瓦尔·萨达特、阿塔尔·比哈里·瓦杰帕伊、弗雷德里克·威廉·德克勒克、梅加瓦蒂·苏加诺普翠、马哈蒂尔·本·穆罕默德、金大中和金泳三等人也在其中。截止2004年，受邀访美的人员名单中有约40人担任了国家元首。[38]

与国际访问者计划一样，富布莱特交流计划是另一个非常重要的人员交流项目。它的原型是以英国政治家赛西尔·罗兹捐赠给牛津大学的遗产而设立的奖学金制度。1946年，参议院议员富布莱特提出该方案（该议员自己于1925年拿到罗兹奖学金去牛津大学留学）。富布莱特交流计划提供在他国进行研究和学习的机会，至今为止已有超过27万人参加（约有三分之一是美国人）。现在，已有150多个国家加盟此计划，每年选拔约6000人。

战败以后，正是得益于美国陆军管理的占领地救济政府基金（GARIOA），日本人去美国留学才成为可能。以外交官进修和学习美国的教育制度为目的，约有1000名日本人被派往美国留学。原驻美大使河原良雄和原驻英大使北村汎等都是由该基金派出的 53
留学生。日本独立后占领地救济政府基金不再适用，1952年以后，富布莱特计划取代了占领地救济政府基金，直到1967年越南战争使得美国财政吃紧。这期间的15年是计划实行的黄金期，每年平均有250多名日本人去美国留学，50多名美国人来日本留学。截止1966年，富布莱特计划的参加者中，成为大学校长的有53人，如果包括之前受占领地救济政府基金资助的留学人员则共有72人。对于这样巨大的成果，近藤健说："即使无法用数据证明，也有十二分的把握推断吧。"[39]

1979年以后，继承富布莱特交流计划的日美教育委员会（JUSEC）设立，日美平摊运营费用。曾经参加过富布莱特计划的日本人，于1986年设立了日美教育交流财团（富布莱特纪念财团）。近年来受其资助，日美每年平均各有五六十名富布莱特计划参加者在两国之间往来交流。参加者中，日本人约有6000人，美国人约有2300人，其中大部分人现在都活跃在教育、行政、司法、商务和媒体等各个领域。

富布莱特议员提出“相互理解”的口号，强调立足长远进行教育和文化交流的重要性。因此，即使在美国政府（国务院）承担全部资金支持交流计划的时代，富布莱特交流计划在任命委员时还是考虑到日美人数最好相同这一点。尽管如此，至少与现在相比，当时的环境的确更容易反映出美国的国家利益和外交政策。

54 1955年，长崎市和圣保罗市（明尼苏达州）缔结成为日美间第一对姊妹城市。此后至1963年，在艾森豪威尔的“人民交流计划”的指导下，日美之间又结成了50对这样的合作关系城市。顺便指出，现在日本已经与124个国家、1555个自治机构结成姊妹关系。其中美国的自治机构最多，有438个（中国第二，324个；韩国第三，116个。数据出自财团法人自治机构国际化协会2007年的调查报告）。

日本讲和以后，美国整合了民间情报教育局图书馆，以日本各地的普通民众为对象，在全国13个城市（札幌、仙台、新潟、东京、横滨、名古屋、金泽、京都、大阪、神户、广岛、松山、福冈）设立了美国文化中心（ACC），开展宣传和文化活动。中心由美国新闻处管理。剩余的民间情报教育局图书馆则转交给所在地的地方自治机构管理，并在美国新闻处的协助下，以日美文化中心的形式继续运行。东京美国文化中心原计划接手民间情报教育局图书馆原址，后来计划被取消，建在了一所旧女子会馆里，这间在战火中保存下来的旧女子会馆位于增上寺前的芝公园。

美国文化中心的活动内容和民间情报教育局图书馆时期几乎 55
相同，它是地方城市了解欧美最新信息的窗口，也是当地社会的文化中心。[40] 1954 年，玛丽莲·梦露和乔·迪马吉奥到访中心。第二年威廉·福克纳也访问了此地。

美国在运用这种具有波及效果的“慢速传播媒介”的同时，还积极利用即效性突出的“快速传播媒介”。譬如，提供美国最新新闻素材的《无线新闻简报》（*Wireless Bulletin*），介绍美国学术论文的月刊《美国人》（*Americana*），美国图书书评杂志《美国书评》等等。另外还有一些出资方不明的出版物，诸如隔周出版的时事通讯《世界新潮》、月刊《共产主义的诸问题》（后改名为《两个世界》）、或以学生为读者群的报纸《国际新闻》等。[41]

除此之外，美国新闻处还制作了一些不公开出资方的电影和广播节目。电影有《我是西伯利亚战俘》（1952 年）、《暴风雨般的青春》（1954）、《汤川物语》（1955）、《战机出动——101 号航空基地》（1957 年）等。广播节目有《美国消息》、《我的书架》、《小说朗读》、《交响殿堂》、《爵士俱乐部》、《佩里·科莫秀》、《纳京高秀》等。[42] 因为根据《史密斯·蒙特法案》，不得向本国国民公开面向海外的信息活动，所以这些作品很少能在美国国内播放。

虽然在美国新闻处成立之际，教育文化交流项目移交给了国
务院管理，但是为了方便运行，海外的相关项目仍交由美国新闻 56
处管理。美国新闻署虽说是总统直辖的独立机构，但是因为外交事务本身受国务院管辖，所以美国新闻署权力有限。在日本，如果美国新闻处开展活动的话，除了要听取其总部美国新闻署的指示之外，还需听取美国国务院的指示，获得国务院的批准。因此，美国新闻处与国务院在此方面的职责区别并不明确。美国文化中

心受美国新闻处管辖，而美国新闻处在原则上又设置于国务院管辖下的大使馆或者领事馆之内。

每当提及“对日心理战略计划”，我们总会觉得它具有社会影响。其实，除了一部分美国新闻署和国务院不愿公开出资方的媒体制品（不过当被要求公开信息时也会公开。这一点与美国中央情报局施行的黑色宣传不同）之外，新闻以及文化活动总体上没什么特殊性，没有必要将此计划看得过于严重。

福斯特提到，日本有几所大学开始着手进行美国研究，想必他所指的是同志社大学美国研究所（1958 年）和京都大学美国研究中心（1959 年）等。但是它们成立的缘由却各不相同，而且研究美国并不代表亲美。要知道在那个年代，发生过好几场全国性的反美运动，譬如 1954 年第五福龙丸事件引发的和平运动，1957 年的砂川事件，以及吉拉德事件引发的反基地运动等。

1956 年，行动协调委员会的报告书《日本的知识分子》中提
57 到：“关于对大部分知识分子的影响力，只能从他们的态度上来判断。就算（对日心理战略计划）提高了他们对美国文化和目的的了解，也并没有使他们对于美国的行为产生共鸣。”[43] 我想，这个评价同样适用于“国际访问者计划”的参加者们，他们也不一定是亲美或追美的。“快速传播媒介”应该如何面对这种状况并加以利用？是接受？还是将其内化？这需要在充分考虑各种属性和变数的基础上进行精确的考察。

美国驻日大使馆管辖的日本工作人员组成了共济会——葵会。在其编辑的文集中，一位原福冈美国中心的日本工作人员这样说道：“30 年前的（美国）文化中心，不包括图书馆，除了分发红色封面的反共资料之外，没有其他基于国家战略的活动。可以说是处于漫无计划的状态。在东京的有权阶级中也许有相应的具体

方针，但是至少在我们这些下层劳动大军中，毫无方针可言。那个时候，方针计划等都是奢求。”[44]

十、美国中央情报局的影子

通过观察心理战略委员会、行动协调委员会和国家安全委员 58
会的目的和构成，不难想象“对日心理战略计划”和“对日目标与方针”不仅有美国新闻署和国务院的参与，也有美国中央情报局的参与。当时的美国新闻署和国务院的公文在1990年代被逐渐解密。但是，美国中央情报局的公文解密至今仍停留在极其有限的、片段式的解密阶段（解密公文，需要得到美国国内相关机构的批准，还要考虑到与对方国家的外交关系）。

公文解密的进展虽然缓慢，但还是发现了一些能证明美国中央情报局参与其中的公文和证言。

基于这些资料，山本武利指出：“在麦克阿瑟统治下的日本，美国中央情报局不得开展活动，这与第二次世界大战期间他指挥的地域不允许战略情报局开展活动如出一辙。然而，1949年，随着中共军队占领上海，麦克阿瑟开始勉强同意美国中央情报局在自己的辖区内开展活动。1950年开始，二战时就职于战略情报局的汉斯·塔夫特在厚木基地建立设施，并以此为据点开展活动。二战时的心理战手法得到了重生。塔夫特以商业形式制作日语的政治宣传电影，煽动日本国内的反苏言论，取得了成功。”[45]

原美国驻日大使威廉姆·卡斯特，尔后担任了美国国务院助理国务卿，他在日记中提到，1953年前后，美国驻日大使馆的美国中央情报局的工作人员超过100人，在民间企业还有100

多人。[46]

早稻田大学教授有马哲夫于2005年访问美国国家公文档案馆时，发现了一份美国中央情报局关于正力松太郎的文件，内容长
59 达474页。这份机密文件显示美国中央情报局曾秘密为日本电视台（1952年）的微网建设提供贷款。[47]

2006年，美国的外交文件证实，为了削弱日本左翼势力，美国中央情报局曾秘密支援过当时稳健的在野党——自民党。日本共同社的报道（2006年7月18日）如下："1950年代至1960年代，为了削弱日本左派的势力，稳定保守党的政权，当时美国中央情报局秘密向'稳健左翼势力'——岸信介和池田勇人两任政权下的自民党实力派以及旧社会党右派——提供资金，促成旧民社党的成立。在同一天发行的国务院编辑的外交史料集中也有如下明确记载。国务院的负责人向共同社明确表示：'美国政府正式承认对日本政界采取秘密活动还是第一次'。美苏冷战白热化之际，美国为了将日本打造成反共的'桥头堡'，除了支援自民党，还分裂左派势力，进行露骨的内政干涉。后来这些史实被公之于众。这可以说是关系到重新考察日本战后政治史或者日美关系史的重要史实。"

美国中央情报局这种形式的参与究竟有多大程度的实质性影响，还有待历史的判断。吉田茂首相一边主张与以美国为中心的国家单独讲和，而不是与包括苏联在内的国家全面讲和，一边却拒绝美国提出的日本立刻重整军备的要求，追求和平发展，力求作为经济大国寻求自己的独立发展之路。1954年吉田茂时代结束，在反吉田的浪潮中，民主党和自由党两大保守主义政党合并，成立自民党，史称"保守合同"。1950年代后期，鸠山一郎、岸信介等呼吁修改宪法、要求重整军备的保守政治家登上日本政坛

掌管国柄。然而，随着冷战局势的缓和，美国对于日本的军备重 60
整也变得消极。相反，美国向岸信介提议，在不修改宪法的前提下，修改《日美安全保障条约》，实现两国对等，双方共同承担义务。岸信介内阁在宪政框架内，以强硬手段通过了新安保条约，但是却被迫集体辞职。后来，吉田路线复活，“吉田学校”的得意门生池田勇人和佐藤荣作挑起了1960年代日美关系的大梁。

在类似的民间层面支撑日美关系的动向中，特别值得一提的是1952年国际文化会馆的成立。

1951年约翰·杜勒斯作为杜鲁门总统特使访日前表示，美国不仅要在政治经济方面，也要在文化方面重视构建与日本的关系。因此，杜勒斯请求与约翰·洛克菲勒三世同行。洛克菲勒三世是洛克菲勒基金会的总裁——约翰·洛克菲勒二世的长子，曾在1929年京都召开的太平洋国际学会上代表父亲出席。而杜勒斯曾在洛克菲勒基金会担任过理事。在日本逗留期间，
洛克菲勒三世除了与美国研究的泰斗高木八尺及其弟子松本重 61
治、松方三郎等重温旧交之外，尤其更深刻地认识到了与松本在民间进行交流的可能性与重要性。松本重治是吉田茂首相的重要智囊，在围绕对日讲和问题上，斡旋于立场对立的吉田（单独讲和派）与高木（全面讲和派）之间，对于促进两者间非政治性的谈话，起到了极其重要的润滑作用。

洛克菲勒三世向杜勒斯提交了一份关于文化交流的报告，在报告中，他强调了设立民间主导的文化中心的重要性。杜勒斯也认可其意义，请求他担当此任。洛克菲勒三世与松本三郎合作，同时从洛克菲勒基金会获得资金援助，也成功地在日本国内募集了捐款，1955年在东京鸟居坂的岩崎小弥太官邸旧址设立了国际文化会馆。

“会馆”的英译不是“center”，而是“house”。关于这个原因，松本解释说：“也有人提议‘center’，但当时经常使用‘center’的有‘pachinko center’（弹子机房），‘America Culture Center’（美国文化中心）。我们既不想让人联想到上述的任何一个事物，也觉得用国际文化中心（center）有点不知天高地厚，给人以自我为中心的印象，所以没有采用‘中心’（center）一词。”[48]

洛克菲勒三世与松本一致认为，国际文化会馆的活动是纯粹的民间事业，不应该拘泥于狭隘的国家利益或者附属于国家间短期政治关系的框架。基于这种理念，国际文化会馆积极推进民间层次的文化交流和知识性交流，虽然最初的交流仅以日美关系为轴心，但是从1960年代后半期开始就向亚洲的邻近各国扩展，并形成网络。当时像这样配有住宿设施、能够自主展开国际交流事业的机构在世界上也是极少的。

62 国际文化会馆成立之初就着手日美知识性交流计划，与此同时，身为女权运动领袖的市川房枝和富兰克林·罗斯福的妻子安娜·埃莉诺·罗斯福也开始了跨越太平洋的交流。随后，罗伯特·奥本海默、大卫·理斯曼、乔治·凯南、索尔·贝娄、永井道雄、江藤淳、远藤周作等都被招聘进来。肯尼迪一上台就举办了肯尼迪政权的智囊团与日本知识分子之间的知识性对话——日美民间人士会议（俗称达特茅斯会议）。

关于战后日美关系的形成过程中国际文化会馆成立的意义，五十岚武士表示：“国际文化会馆的创立明显地展示了战后发展起来的日美之间文化交流的一个方面。也就是说在东西冷战的国际形势中，美国采取主动，意欲拉拢日本。尽管如此，除了冷战外交理论主导的政府层面的活动之外，美国也为以文化交流为主体的民间活动留出了发展空间。”[49]

1958年美国制定了《国防教育法》（NDEA），大规模扩大国家安全与学术研究的合作，并加强地域研究等。再加之富布莱特交流计划，由洛克菲勒基金会与福特基金会提供奖学金资助的赴日研修者增多，日本研究中心以及东亚研究所等分别在美国各地成立起来，因此形成了纳撒尼尔·塞耶、乔治·帕卡德、傅高义、杰拉尔德·柯蒂斯、查莫斯·约翰逊等战后第三代“知日派”。其中也有不少人至今在去日本时，仍然经常居住在国际文化会馆——俗称“I House”。

十一、默罗时代 63

时隔八年重新执掌民主党的约翰·肯尼迪，在总统选举的最关键时刻，被第三世界不断扩张的共产主义势力以及“丑陋的美国人”、“美国佬”（Yankee）等词语所代表的高涨的反美情绪所困扰。

从1950年代末开始，苏联采取了排挤美国对于非洲、亚洲以及中南美洲的新兴独立国家影响力的方针，加强对这些国家的不满分子（主要是共产主义者和左翼游击队）的支援。1960年，苏联在莫斯科创立了俄罗斯市民友好大学，公费接待来自非洲、亚洲和中南美洲的4000名留学生，就是一个很好的例证（当时美国公费留学生总共不满3000人）。

为了对抗苏联的这种文化攻势，肯尼迪政府依据丹尼尔·勒纳等人提倡的现代性理论为依据，批判马克思列宁主义，支援第三世界的民主势力，旨在推进扩大现代化。支撑肯尼迪政府并被誉为“最优秀最聪颖”的当权派（the Establishment）对于现代主义和进步主义理论深信不疑，在自我理解和使命感方面与美国例外主义也有着共同的认识。[50]

在艾森豪威尔时代的宣传与文化活动中，提供证据以显示美
64 国的目的和政策与对方国家的意愿一致这种做法备受重视。然而，
肯尼迪总统更进一步，要求“影响对方国家的民众，也就是‘不
仅要宣传，也要说服’”。因此，根据每个国家不同的活动目标和
对象制定不同的计划以及对活动成果进行汇报等得到了重视。

作为“说服”的手段，美国依然采用传统的图书馆、广播、电影、出版、报道、展览和英语课程等形式，特别是在教育和文化交流上下功夫。肯尼迪提高了负责教育文化交流项目的国务院文化合作部的级别，任命卡耐基基金会的经营者、原福特基金会官员菲利普·库姆斯担任第一任国务院教育和文化事务的助理国务卿。文化合作部负责策划外国的美术展或艺术公演在美国的巡回演出、设立技术和文化交流中心、召开学术会议，以及扶助与教育交流相关的研究等各种各样的项目。

实际上，当时也有人提议应该将文化合作部与白宫直辖的独立机构——美国新闻署合并，将宣传和文化活动一体化。但是，富布莱特议员1961年在上议院发表了如下反对声明：“我强烈反对将美国的教育和文化交流事业作为战争的武器和手段。将这些事业当作宣传手段是不妥当的，是绝对不能被允许的。哪怕这些宣传中包含着非常重要且值得尊敬的活动。”[51]

富布莱特议员在其晚年的著作《帝国的代价》（*The Price of
Empire*，1989年）中，将其对于教育和文化交流的想法描述如下：
65 “赋予我希望的是教育交流项目的基本精神，简单地说，这种精神
就是针对各个国家的文化及其民众的行为、思想和反应，以及不
同文化之间的差异，通过参与文化交流项目而领悟到这些不同之

处，再经过一代代人的努力，从而在改善国际关系的同时显著减少战争危险的一种信念。人们可以通过不同文化的教育，掌握和平共处的方法和手段。虽然不能说十拿九稳，但也是存在这种可能性的。”[52]

肯尼迪尊重富布莱特的想法，不仅放弃了合并国务院文化合作部与美国新闻署的想法，还于1961年签署了《相互教育和文化交流法案》（俗称《富布莱特—海斯法案》）。这项法案明文表示，美国政府实施的教育和文化交流项目的种类将不断扩大，但目的都是为了促进美国与各国人民之间的“相互理解”。

肯尼迪撤消了此前负责调整心理战战略的行动协调委员会，并在强化国务院文化合作部的基础上，很大程度地改变了美国新闻署。

肯尼迪还提拔了毅然对抗“反共”先锋麦克阿瑟参议员的国民记者和播音员爱德华·默罗担任美国新闻署署长。

谈及当时明知年薪会减少九成却依然接受新闻署署长一职的
理由，默罗表示：“如果，这个年轻人（肯尼迪）都无法改变世 66
界的话，那谁还能做得到？如果这个年轻人需要我的帮助，那么我将义不容辞。”[53]

默罗指名唐纳多·威尔逊和托马斯·索瑞森分别担任美国新闻署的副署长和高级顾问，肯尼迪同意了这一人事任命。威尔逊是《时代》（*Times*）的记者，是肯尼迪总统的亲弟弟、司法部长罗伯特·肯尼迪的亲信，而索瑞森则是美国新闻署的一名工作人员、总统的特别顾问并为总统撰写几乎所有演讲稿的西奥多·索瑞森的亲哥哥。

默罗的许多关于宣传与文化活动的箴言流传至今。

“美国的传统和伦理就是，（美国新闻署要）据实采取行动。

真实才是最好的宣传，虚假是最坏的宣传。要想具备说服力，就必须值得信赖。为了争取信赖，信用就非常重要。为了赢得信用，真实性是不可缺少的。这是非常简单的道理。”

“（美国新闻署是）为了赢取人心和人们的理性。实现这个目标很难。想要急速地或者很容易地实现这个目标也是不可能的。如果这样，就算赢得了，也没有人能保证这个状态能持续下去……（人们）有可能一时兴起，也有可能频繁地改变态度。我们不要用话语，而是要用实际行动来让人们作出判断。”

“（美国新闻署的目的是）始终能让美国的政策通俗易懂地被人们理解，并且尽可能地获得人们的认同。我们不能仅仅满足于辟谣或者修正偏见，而必须不停地强调对自由的誓约。必须明确
67 表明美国是不害怕变化的，也是不安于现状的国家。总而言之，比起美元和话语，更重要的是美国的实际行动……我们必须说服对方，但不是通过威胁的方式。”

“用巧妙的手法宣传拙劣的政策，只会是错上加错。”

“重要的不是让信息传播 5000 英里或者 10000 英里，那只是技术问题。国际交流的决定性因素，同时也是个人接触的最好方式是那最后三英尺，也就是面对面的对话。”

“（美国新闻署的）活动成果不能用像做生意那样的方式来衡量。年末的收支平衡表，并非表示当年的活动成果。人们改变态度的时候，不会像收银台的感应器那样发出响声。人们对于某个想法产生同感时，是不可以用金钱数额来表示的。对于某个想法产生同感的程度，也不能像市场上的价格升降表那样表示出来。向态度坚定的人灌输令他怀疑的理念对于我们而言是最重要的工作，而且这样的工作并不少见。”[54]

有一件轶事如实地反映了默罗的见解。

让世界上所有的国家都承认并使用美国开发的国际通信卫星，对于肯尼迪的这个想法，有议员提出不满："用美国人缴纳的税金研发出来的技术，为什么要让中国人享用呢？那可是中国共产党的天下。"默罗如此回答了那位议员："（关键是）对双方都有益 68
处。如果中国准备接收美国卫星发送的声音或者视频的话，那么我确信这是对美国有利的。"议员考虑了片刻，然后同意了。[55]

默罗认为，美国新闻署要说服的对象不仅仅是对方国家的民众，还应包括美国的外交工作人员。也就是说，美国新闻署应该向总统、当事国的大使以及相关省厅的长官，就外国舆论的真实意图和影响力进言献策，在政策形成阶段也需要美国新闻署的参与。"不仅是紧急降落的时候，起飞的时候也要参与"，默罗这句著名台词的意思是，在政策拍板并准备实行的时候再采取措施就太迟了。肯尼迪也认同这一观点，并允许默罗参与国防和外交的最高政策咨询机构——国家安全委员会。另外，默罗还获准可以直接给总统办公室打电话。[56]

1961 年，当苏联公开表示要再次进行核试验时，在国家安全委员会上，以国防总部为中心的意见是为了对抗苏联，美国应该立即重启核试验。当肯尼迪总统向默罗寻求意见时，默罗认为，立刻宣布重启核电站从宣传的角度来看并不是上策。应该让全世界的人民都认识到苏联的行为是在威胁世界和平并毁坏地球环境，首先应该让国际舆论都站在美国一边，这才是明智的做法。国家安全委员会议也在默罗的提议下达成了一致。[57]

利用国际舆论来支持自己，最成功的例子应该是 1962 年的古巴导弹危机。肯尼迪通过电视讲话公布了苏联在古巴部署导弹的事实，谴责苏联的做法。但是，由于 1961 年的猪湾事件（由于美 69
国中央情报局的失误，艾伦·杜勒斯被撤消了美国中央情报局局长职务）的影响，国际舆论不是十分明白事情的来龙去脉。因此，为了应对古巴导弹危机，美国特别设立了国家安全委员会执行委员会。在会上，美国新闻署副署长威尔逊（默罗因肺炎住院）提议公开U—2侦察机拍摄到的证据。由于这些情报原本应该保密，因此公开照片一事遭到了美国中央情报局和国防总部的强烈反对。然而，最终肯尼迪还是支持了威尔逊的提案。[58]在随后紧急召开的联合国安理会的会议上，美国驻联合国大使阿德莱·史蒂文森用26块展板展示了美国拍摄到的古巴导弹基地的照片，迫使苏联驻联合国大使瓦列里安·佐林承认古巴拥有核导弹的事实。这是一场著名的交锋。

然而，当美国积极防止第三世界共产主义势力扩张，并操控国际舆论偏向自己的时候，却在国内遭遇了意想不到的事情——民权运动，这令美国感到非常棘手。1963年，当马丁·路德·金等人为呼吁废除种族歧视而举行华盛顿大游行之际，苏联借此浓墨重彩地大肆宣传“榨取2000万黑人的美国社会的丑态”。

当时，美国新闻署扩大了在第三世界的宣传活动。以非洲
70 为例，1959年美国在13个国家设立了24个新闻处，4年后的1963年增加到33个国家的55个新闻处。非洲的美国新闻处的图书馆也大受欢迎，以至于有时候不得不限制入馆人数。[59]1960年，路易斯·阿姆斯特朗被派往南罗德西亚（津巴布韦的旧称）演出时，他的那场爵士乐演唱会一共吸引了7.5万名观众。阿姆斯特朗很早以前就反对表演时观众按照种族隔离的坐法，当天，当他看到黑人白人坐在一起的场景时十分激动。[60]另外，1961年，肯尼迪总统设立维和部队，众多美国志愿者立志援助发展中国家。

但是，经过千辛万苦构筑起来的世界人民对于美国的好感，却因为从阿拉巴马州和密西西比州传出的警察用喷水枪和警犬来镇压黑人游行的画面而消失殆尽。

此时，默罗采取了两个措施来应对这种突发事件。

其一，在纽约的联合国总部附近设立外国记者中心（FPC），解答海外特派员们的疑问并加强思想沟通。在此之前，白宫以及国务院的目光只集中在国内媒体，而“海外特派员”的存在和影响力几乎被忽视了。通过配置资料室和电传打字电报机等设备，举办有政府高官参加的记者见面会或说明会等措施，新设立的外国记者中心赢得了广泛好评。后来华盛顿特区也设置了同样的记者中心。

另一个就是全面打造肯尼迪总统年轻朝气、精力旺盛和理想主义的形象。虽然肯尼迪效仿艾森豪威尔也对外国进行了访问，但是1963年访问西柏林时，他在柏林墙下的演讲中的最后一句
“我也是一个柏林人”（Ich bin ein Berliner），则引起了前所未有的 71
反响，令人印象深刻。

默罗的同事、肯尼迪政权的支持者小阿瑟·施莱辛格，这样描述默罗所起的作用：“在历任美国新闻署署长中，没有谁能像默罗这样在政府的政策决定中发挥如此重大的作用。正因为如此，肯尼迪总统才如此强烈地信赖他。肯尼迪从内心感谢默罗的勇气、良心、判断以及冷幽默。”[61]

肯尼迪总统被暗杀以后，美国新闻署制作了《肯尼迪的光辉岁月》（*John F. Kennedy: Years of Lighting, Day of Drums*, 1964年）这部追悼纪录片，在全球六十多个国家上映。

实际上，这部纪录片在美国国内放映过。本来按照《史密斯·蒙特法案》，这部纪录片是禁止在国内放映的，但是国会批准

了这个特例，这尚属首次。这正是出于对默罗所率领的美国新闻署的尊敬和信赖。

第三章　公共外交的诞生与越南战争 73

十二、“公共外交”的诞生与挫折

肯尼迪的继任者林登·约翰逊总统有这样一则有趣的轶事。

1961 年，时任副总统的约翰逊访问巴基斯坦时，在卡拉奇的路边与一个赶骆驼的男子握手，并且开玩笑地说要邀请该男子去他得克萨斯的农场做客。同行的美国新闻处的翻译提醒副总统：“巴基斯坦人会将这个邀请当真喔”，但为时已晚。结果，这名男子真的被邀请到了美国。那名男子虽然不识字，却非常幽默、有头脑，一下子就成了美国媒体的宠儿。加之美国新闻署也做了充分的准备，因此骆驼夫的美国之行非常成功。骆驼夫带着美国赠送的礼物——一辆皮卡——凯旋而归。男子在临上飞机前，收到了约翰逊副总统给他的消息：“难得的一次机会，请您顺便去趟圣地麦加吧。在‘人民交流计划’的好意帮助下，必要的准备都已经做好了。”[1]多么无微不至并且温暖人心的表演啊！

约翰逊延续上一任政府的政策，重视美国新闻署的作用，就 74
任总统以后立即向美国新闻署的员工做了如下训示：“美国没有必要进行宣传。我们并没有提倡或者拥护任何脆弱的教义或者任何具有威胁性的教条以至于需要去宣传。”[2]

但是，随着美国在越南战争的泥沼中越陷越深，美国新闻署的周边环境急剧恶化。虽然美国从 1950 年代末开始，加深了与南越南的关系，但是约翰逊执政的 1965 年至 1968 年期间，滚雷行动以及增派美军等行动使越南战争迅速升级。

1965 年，西贡（南越南首都）的美国新闻处被改编成综合宣传室（JUSPAO），从事文官和武官的情报活动以及心理战略的调整和统合。美国员工人数最多时达到近 200 人（加上当地约 600 名员工），人数增加了 10 倍以上，针对越南一个国家的活动预算也达到了前所未有的将近 1000 万美元（当时）。但是，如此大规模的人力财力的投入，并没有使国际舆论站在美国一边。相反，由于分配给其他地区的美国新闻署的资源被大幅度削减，应对反美情绪变得力不从心。国务院文化合作部的预算也从 1963 年度的 6300 万美元削减到 1969 年度的 3100 万美元。[3]

1965 年，美国的“卡米洛特工程”（Project Camelot）曝光，
75 成为国际丑闻。卡米洛特工程于 1964 年立案，作为封锁共产党游击队等革命势力、镇压叛乱以及支援作战的一个环节，美国陆军计划动员大量的社会学者。预备以非洲、亚洲和中南美洲的 31 个国家为对象，预算达 600 万美元的这项大规模工程曝光后，遭到学术界内外的强烈谴责而被迫停止。[4]

在这种情形下，约翰逊总统 1968 年宣布中止滚雷行动，并申明不再参加下一任总统选举。

美国新闻署从 1965 年开始制作名为《来自美国的报道》（*Report from America*）的电视节目，在七十多个国家播映，正式应对电视机时代的到来。但是，越南战场连日传来的悲惨视频，以及洛杉矶爆发的华兹区骚乱（1965 年），再加上路德 · 金牧师和罗

伯特·肯尼迪被暗杀（1968 年）等等，此时用宣传和文化活动所进行的应对，令人感觉这个时代实在太黑暗太沉重了。然而，由于越南战争，美国新闻署的存在已经为世人广泛认可，1968 年，议会将美国新闻署员工的地位从外交预备官（FSRO）提升到外交官（FSO），地位相当于国务院的外交官。

1960 年代也是“公共外交”这个词语诞生的年代。根据美国议会图书馆的资料，其语源可以追溯到 1965 年在塔夫茨大学弗莱舍法学院设立国际交流研究所的时候，该学院的系主任埃德蒙·古利恩为了纪念默罗的功绩，将该研究所命名为“爱德华·R. 默罗公共外交中心”（默罗因肺癌在当年春天英年早逝，年仅 57 岁）。

古利恩解释其造出“公共外交”这个新词的理由时说：“政府 76
在向外国宣传本国政策时，重要的是与对方国家的国民交流意见、兴趣和文化，互相理解，将这些交流传达给美国的决策者并提出建议从而反映到政策上，最终将制定好的政策向对方国家进行解释并对其产生影响，考虑到政府（Government）、情报（Information）、交流（Communication）所包含的共同功能要素，最合适的词就是‘公共外交’。”[5]

1970 年代以后，这个词语得到迅速传播，美国新闻署将其定义为“理解外国民众、传递情报、施加影响，并且通过促进美国的市民机构与国外的对话，加强美国的国家利益及安全。”从概念上来说，“公共外交”绝不是一个新鲜事物，与之前所使用的各种概念——譬如报道（情报、宣传）活动、文化（教育、文化交流）活动、心理作战（心理战争、心理战略）、思想战等等——重叠的部分也有许多。根据对“公共”（public）一词的解释，也可以解读为市民外交、大众外交、舆论外交或国民外交等等。就连

“宣传与文化活动”这个词的概念也很暧昧，很容易引起混乱、误解和争议，而“公共外交”这个词则更加包罗万象。与不同的概念结合使用，“公共外交”的意味和形象则会有很大的不同。因此，必须辨别清楚这个词语用在何种语境是何种意思。

77 十三、肯尼迪—赖肖尔路线

艾森豪威尔作为时任总统第一次访问日本前，受哈基提事件[*]及桦美智子死亡事件[**]等1960年安保斗争的影响而被迫中止访日。对于肯尼迪政府而言，修复因安保斗争而破裂的日美关系是第一要务。

正当此时，即安保斗争后不久，访问日本的哈佛大学日本问题专家埃德温·赖肖尔在专业外交杂志《外交事务》（*Foreign Affairs*）上发表了题为“失去的对话”的论文。文章结论中提到美国不仅要与日本政界和财经界的领导人对话，还要与所有阶层的人士对话，包括在野党、左右翼的社会活动家以及知识分子等，把握他们的真实意图。肯尼迪就任总统后不久就注意到了这篇论文，可以说这与赖肖尔就任美国驻日大使有着很大关系。包括任命哈佛大学的经济学者约翰·加尔布雷恩为驻印度大使等等，都体现了肯尼迪的用人特点——重用“最优秀最聪颖”的社会精英。

---

* 詹姆斯·哈基提，白宫报道官，就修改安保条约访日，为艾森豪威尔正式访日做准备。车队在日本被示威群众所困，无法行驶，后由美军派遣直升机接走。——译者注

** 桦美智子，东京大学女大学生，在安保斗争中摔倒后被压死。——译者注

赖肖尔出生在东京的传教士家庭，在日本一直生活到16岁，是战后美国第一代“知日派”中的代表人物。他流利的日语与深厚的日本文化底蕴，再加上他的夫人松方春出身名门——明治时代元老松方正义的孙女，赖肖尔在日本具有极高的人气。他一边积极地活跃在电视、报纸和广播等媒体上，同时也十分重视默罗所提出的“三英尺”外交手法，走访日本各地，从在野党到工会，与各种层次的日本人广泛对话。日本国内只有六个县他没有去过，亲自面见的日本人达5万之多。[6] 78

1964年，赖肖尔在美国大使馆门前被一名患有精神障碍的少年刺成重伤，伤到大腿骨，被紧急送往附近医院接受输血，总算保住了性命。而他在病床上的一句话直接决定了他在日本国民中的人气：“我接受了日本人的许多血液，我觉得我现在是一个真正的日美混血儿了。”*

日本学者之间就现代性问题展开了争论，马克思主义者对于“肯尼迪—赖肖尔路线”一直没有放松过警惕。尤其是赖肖尔拥护越南战争的行为使日本许多知美派学者大为失望。例如，据国弘正雄回忆称，他与松本重治和赖肖尔（其妻子松方春相当于松本的表亲）三人在国际文化会馆见面时似乎发生过这么一件事。当松本就越南战争欲向赖肖尔进一忠言时，没想到，赖肖尔一下子生气了并且说道：“你认为我是一个骗子吗？”然后，他便长篇大论地强调美国政府立场的正当性。也许是因为少年时期一直生活在大正民主运动时期的日本，又在精英世界生活过的缘故，赖肖尔对于日本的理解过于静态而机械。1990年代的修正主义者也继

---

* 这就是著名的“赖肖尔事件”，不过赖肖尔因此次输血事件而罹患慢性肝炎，这就是后话了。——译者注

承了对于赖肖尔的这一批判性看法。但是，当时的美国对日本的偏见根深蒂固，向美国解释日本时必须包括对于日本文化的解释，加上美国一直受“远东”（the Far East）概念（这种地域政治观体现了欧美中心主义）的支配，因此，对于理解日本而言，赖肖尔普及“东亚”（the East Asia）概念的功绩是不可磨灭的。

79 赖肖尔为了提高美国新闻处在大使馆内的地位，设立了宣传与文化担当公使的职务，建构了“三驾马车”（政治担当、经济担当、宣传与文化担当）的框架。任命原洛克菲勒基金会官员伯顿·法斯担任第一任宣传与文化担当公使。

1961 年，肯尼迪—池田会谈达成协议，成立日美文化教育交流会议（俗称 CULCON）。该会议将日美知识分子集聚在一起，讨论两国之间教育和文化交流相关的各种问题，目的是为了促进相互理解。次年，在东京召开了第一届日美联合会议。

由于国务院文化教育交流项目的扩大，各领域的学者、专家、艺术家以及戏剧和舞蹈团体纷纷来日访问。例如，1962 年，舞蹈家及电影演员卡门·德·拉瓦拉德（Carmen de lavallade）与舞蹈家阿尔文·艾利（Alvin Ailey）联袂出演了《美国舞蹈公司》（*American Dance Company*）。他们作为美国的文化使节，历时三个月，在包括日本在内的亚洲和澳大利亚的 25 个城市巡回演出，演出场次多达 60 次。他们的表演以黑人传统文化为基础，在舞蹈中敏锐地捕捉人性的普遍特征，在各地大获成功，共吸引了 15 万观众。这是美国国务院第一次委派黑人艺术家担任文化使节，当然也意图通过这种做法改善被民权运动动摇的美国对外形象。[7]

十四、项目的改头换面 80

1960 年代后半期，美国对日本的宣传与文化活动迎来了巨大的转机，主要有以下三个理由。

一是越南战争的升级。特别是 1965 年滚雷行动以后，美国不仅增加了军费，也大幅增加了用于越南及其周边国家的文化宣传的预算。加上人工费和维持费不断增加，对于日本的预算自然就变得愈来愈紧了。1969 年，富布莱特交流计划的预算被缩减了 50%，同一年受富布莱特奖学金资助的日本人减少了 36 人，美国人减少了一半，即 21 人。[8]

第二个原因是日本经济的高速增长。1960 年代前半期日本的三种神器（电视、洗衣机、电冰箱）到了 1960 年代后半期已经被“3C”（彩电、空调、私家车）所取代。此前，日本一直是以美国为媒介来接受现代文化的。可是当现代化的象征——家电制造成为日本的金字招牌的时候，日本萌生了在更平等的关系下与美国相处的意识。1964 年东京奥林匹克运动会成功举办，日本作为主要发达国家意气风发地回归国际社会，令世界印象深刻；同年日本人也开始被允许自由地出国旅行。1968 年，日本国民生产总值（GNP）在资本主义国家中跃升至第二位。

第三个原因是电视机的普及。1960 年日本国内电视机的数量是 600 万台，两年后突破 1200 万台，1963 年则超过了 1500 万 81
台。美国传来的影像瞬间便出现在了客厅里，每个家庭的电视机成了“迷你美国文化中心”。随着这种趋势的发展，美国新闻处的电影和宣传册很快就失去了存在的意义。从民间情报教育局时代开始实施的通过图书馆或流动电影放映机到地方的市町村进行巡回推广的服务已经被大幅度地调整和缩小。1960年代，电影制作团队也缩小了电影制作的规模，改为“亚洲美国新闻处电影制作中心”，对亚洲各国美国新闻处制作的影片进行编辑并提供技术方面的支持。美国之音的日语广播也于1970年停止。

由此，日本国内的宣传与文化活动的范围被重新限定，项目的内容开始进行根本性的转变。也就是说，活动目标将从一般民众集中到专家和舆论领袖身上，活动方针则是通过以美国研究、国际政治和亚洲问题为主题的演讲和研讨会，与专家和领导者保持面对面的接触。随之，美国文化中心的图书馆也从之前的公共图书馆的概念中分离出来，转变成按需提供信息的“参考文献查阅”（reference service）方式，还积极引入计算机系统。

根据赖肖尔的指示，1965年秋天日本开始讨论将东京美国文化中心的地址转移到更具文化和政治地位的中心地带，一年后中心转移到了东京的赤坂山王大楼（1976年由于预算方面的原因，又迁到在原东京美国文化中心旧址上建立的ABC会馆）。另一方面，1967年在横滨、金泽和神户的美国文化中心关闭，1971年在
82 仙台、新潟和广岛的美国文化中心也相继关闭。[9]1972年，美国文化中心再次改名为“美国中心”，在大使馆所在地东京，及领事馆所在地札幌、名古屋、京都、大阪和福冈共计六个城市均设立了分支机构（后来，京都和大阪的机构合并为“关西”机构）。

一方面美国新闻处十分重视美国研究，另一方面，由于斋藤真等人在日本学术界的努力，1966年，美国学会得以恢复。但是，由于越南战争升级的影响，美国四面楚歌，批判声不绝于耳。清水知久的观点便是美国批判的代表，他将美国历史的整体形象归类为“帝国”（欧美各国对其他民族地域进行资本主义支配和

压榨的体制），越南战争是美国对于非白种人民族的压榨和控制的一种延续，并没有脱离美国的传统，甚至可以说是历史发展的必然结果。这种批判性的观点与当时以查尔斯·米尔斯和诗人威廉斯等为代表，在美国逐渐发展起来的新左派的历史观是相通的。而以路易斯·哈茨为代表的“共识学派”（又称“和谐学派”）——赞同象征美国的正义、使命和自由主义等基本精神的乐观主义——随着越南战争的升级而失去了凝聚力。

美军战斗惨烈的消息被连续地报道，日本的反战游行涌向美国大使馆和各地领事馆。赖肖尔回想当时的情况时说：“日本人好不容易对美国的态度大为改善，由于越南战争，这种好感眼看着就要消逝，这令我们坐立难安。”[10]

事实上，关于反战游行，似乎还有别的看法。前《西日本新 83
闻》的评论员坂井孝之回顾当时福冈的情形时证实道：“1960 年安保斗争最高潮时，游行队伍经常在美国文化中心前重复喊着‘美国佬，滚回家去’（Yankee，Go Home）或‘粉碎安保’这样的口号。但是，我并不认为这是反美斗争的真实声音。‘美国佬，滚回家去’是当时的流行语，上街游行似乎也成了一种潮流。而且美国文化中心正对着游行队伍通过的大街。附近还有县厅大楼、县警察本部和自民党福冈县支部等建筑物，这一带有‘游行银座’之称。1969 年学生运动最盛行的时候，大约 1000 名呼吁‘粉碎日美安保条约’的学生在市政府门前集会……有一个插曲是说，当队伍在文化中心前呈‘之’字形前进时，三名带着头盔的学生从游行队伍中跑出来，推开了文化中心的大门。文化中心的职员们吓得胆战心惊，没想到他们却说：‘我们是来还书的，今天是最后一天。’真是让人哭笑不得。东京的美国大使馆在 1960 年安保斗争时也曾被游行示威的队伍包围过。我想起有一次采访，但是不记得具体是哪一次了，我对他们说：‘那时真是够呛啊’，大使馆员工却笑着说：‘没有，一点也不担心。因为申请签证的人数增多了。尤其令人振奋的是申请签证的年轻人很多，要是反过来的话我们才担心呢。’”

关于当时美国文化中心所发挥的作用，坂井说：“在国际游客（IV）项目的名义下，国务院邀请政治、经济、文化、工人和传媒等各个领域最有影响力的代表人物访问美国。在福冈美国中心的推荐下，许多来自九州的学者也访问了美国。他们并不一定都是
84 亲美派，也有很多是批判美国或者直接贴着‘左翼’标签的学者。但是，无论多么彻头彻尾的反美人士，在亲眼目睹了真正的美国以后，几乎都变成了亲美派。据说还有的工会代表一边在工会等公开场合高声疾呼‘美国帝国主义’，一边在酒席间称赞‘美国真好’。像这样的由文化中心送出去的人，回国后在各个地区就成了日美交流强有力的推动者。无论游行示威的学生或者工会代表口头上如何反美，但是在日本人的心目中，象征着自由和民主的美国占有很大分量。”[11]

然而，据坂本表示，当时的美国文化中心之所以能够赢取日本的人心，还有更深层次的原因：“美国是多元社会，有各种各样想法的人，也有反对美国体制的……文化中心及时向日本传递美国的万象，包括这样的反政府意见。例如上映前卫的电影试映片或邀请批判美国政府的人士担任讲师，等等。越南战争时，可以看到这样的场景：美国派来的讲师在三楼大厅替美国政府演讲，宣传越南战争的正当性，同时一楼正在举办美国反战摄影家的越南摄影展。这样的胸襟和气度才是美国吧。左翼和右翼，前卫和传统，正因为如此多元地介绍美国的多元文化，才有这么多的人被吸引到文化中心。难道不是这样吗？”[12]

当然，支撑对美国的多元理解的不仅仅只有美国文化中心。从姊妹城市交流到交换留学生，日美交流的范围在扩大，驻美员工、留学生或游客等等，“美国”的说客也呈现多样化。与其他国 85
家和地区的情况不同，关于美国的种种，少数专家掌握话语权的言论结构是很难成立的。

1964 年，日美学生会议再次召开。该会议是九一八事变以后，由一些为不断恶化的日美关系而担忧的日本有志青年学生，以全国的大学英语研究部和国际问题研究部组成的日本英语学生协会（日本国际学生协会的前身）为基础而于 1934 年创立的。第二次世界大战以后，虽然也曾经召开过一段时间，但由于财政困难等原因，1955 年以后就再次中断了。为了回应前辈们希望再次召开的呼声，在会议创始人之一并担任财团法人国际教育振兴会理事长的板桥并治的大力支持下，日美学生会议得以再次召开。该会议时至今日人才辈出，培养出活跃在各领域的人物，诸如日本前首相宫泽喜一和美国前国务卿亨利·基辛格等。

1967 年，日美关系民间会议（俗称下田会议）召开。在美国集会（以知识性对话、政策对话为目的的哥伦比亚大学的附属独立机构，1950 年由后来成为美国总统的时任哥大校长艾森豪威尔设立）1965 年的会议中，日美关系民间会议被定位成对日本问题的后续讨论。在下田召开的会议中，由财经界年轻有为的领导者小坂德三郎所主持的国际亲善日本委员会（其前身是在赖肖尔的动员下，于 1962 年成立的罗伯特·肯尼迪来日欢迎委员会）以及福特基金会发挥了核心作用。除了罗伯特·斯卡拉皮诺、杰拉尔德·柯蒂斯、高坂正尧和永井阳之助等知识分子，当时担任美国议会参议院院内总务的迈克尔·曼斯菲尔德（后来的驻日大使）、议会众议院议长托马斯·史蒂芬·福利（后来的驻日大使） 86

和众议院议员唐纳德·亨利·拉姆斯菲尔德（后来的国防部长）等也参加了此次会议。

在大会的提议下，次年开始，由日美的朝野两党议员参加的“日美议员交流项目”启动。由于小坂众议院议员的调职，担任小坂秘书的山本正于1970年成立了日本国际交流中心，“日美议员交流项目”、“美国联邦议会员工交流项目”和“日美青年政治领导者交流项目”等交流事业都轰轰烈烈地开展起来。时至今日，日美共有超过800人参加了这些项目。1973年又成立了“三边委员会”（日美欧委员会），讨论日美欧的政治要员、财团界和学术界人士共同关心的政策课题，总结向各国政府的提案。[13]

美国中央情报局曾被认为参与了1950年代“对日心理战略计划”，此时，证明美国中央情报局直至1960年代仍继续参与该计划的证据浮出水面。

在前述《评论》杂志的采访中，熟悉日本工人运动史的高木郁朗回答说：“1960年代以后，美国积极插手日本的工人运动。著名的事例包括以对日本工人运动有巨大影响力的大河内一男老师（前东京大学校长）为团长的访美团。该访美团是由亚洲财团赞助的，合化工联（合成化学产业工会联合）的入江正治副委员长好像也是团员。”[14]

亚洲基金会的前身是以加利福尼亚州商人为中心、于1951
87 年成立的“自由亚洲委员会”（CFA），主要目标是防止亚洲共产主义的扩大。负责该委员会运营的是由美国中央情报局主办的面向亚洲的自由亚洲电台。1954年改名为亚洲基金会。1967年，由于美国媒体报道美国中央情报局支援亚洲基金会，以此为契机，美国中央情报局停止了援助。基金会仍以“亚洲太平洋地区的和平稳定”为口号继续展开活动。[15]另外，同年，即

1967 年，反共的知识分子谏言机构文化自由会议（CCF，1950 年成立）也被指出与美国中央情报局有联系，改名为国际文化自由协会（IACF）。

之前也提到过，为了弱化日本的左翼势力，美国中央情报局曾秘密支援稳健的在野党自民党，支援活动于 1960 年代中期停止了。近年来的一些证据间接证明了这一点。共同社 2006 年 11 月 23 日的报道称："1950 年代后半期至 1960 年代，为了稳定日本的保守党政权，削弱左翼势力，美国中央情报局向自民党要员提供资金援助，这些都记录在了美国中央情报局的《秘密资金活动》中。已故驻日大使赖肖尔（当时）担心万一该秘密活动曝光会对日美关系产生重大的不良影响。在他的劝告下，资金援助活动停止。"关于向自民党要员和旧社会党右派等被认为是"左翼稳健势力"的政治家提供秘密资金援助这项活动，在今年 7 月国务院发行的史料集《美国外交》中有所提及。了解相关文件内容的一名美国政府高官在接受共同社的访问时确认了这一点。但是，由于相关公文没有公开，我们也无法了解活动中止前的来龙去脉。这名高官又明确表示，记录美国政府中止秘密援助这一过程原委的公文到了可以公开的时间点，但
由于美国驻日大使馆和美国中央情报局的反对而被推迟。外界 88
普遍认为大使馆与美国中央情报局害怕一旦文件被公开会对日美关系产生重大影响。据该高官表示，驻日大使赖肖尔于 1964 年 1 月，受国务院的请求，转达了对秘密资金活动的意见：(1) 日美关系已经成熟，没必要再向亲美政治家提供资金援助了。(2) 秘密活动曝光的话会极大地破坏日美形象。赖肖尔以这两点为理由劝告美国政府中止援助。该高官解释说，赖肖尔的意见在约翰逊政府最终决定中止援助时起到了"极其关键的"作

用。今年7月，国务院刊行的《美国外交》第29卷第二部《日本》中没有记载赖肖尔给白宫的书笺等秘密活动的相关公文，只在“编者注”中简要说明了这个活动。

赖肖尔1964年被刺时因输血感染了慢性血清肝炎，1990年去世，但是他并没有因此指责日本的医疗。据赖肖尔的密友称，他的遗书中是这样写的：“把我的骨灰撒在（晚年生活过的）圣迭戈洋面上吧，骨灰越过太平洋，到达遥远的日本的时候，我就成了日美间真正的桥梁了吧。”

十五、朝向自由回旋

带着比1969年之前（以及之后）的任何一位总统都丰富的外交经验，共和党的理查德·尼克松成为了白宫的主人。就任后不
89 久，阿波罗11号在月球表面的成功着陆，使美国在与苏联的科技大战中扭转了形势。另外，他利用1960年代开始公开化的中苏对立关系，开展平衡各大势力的现实主义外交，例如一方面推进与苏联的缓和政策，另一方面又在事实上承认新中国等（顺便说一句，波士顿交响乐团1956年，纽约交响乐团1959年分别在苏联演奏过，1973年，费城管弦交响乐团在中国也演奏过）。

另一方面，尼克松不断给人以神秘的印象。1971年，参议院公开了美国中央情报局向自由欧洲电台和自由电台提供资金的行为。虽然1973年自由欧洲电台和自由电台作为非营利机构再次成立并得到承认，但被转移到美国新闻署的国际广播局（BIB）的监督之下。1975年二者合并为自由欧洲电台/自由电台（RFE/RL）。当然，最能体现尼克松神秘主义的就是1972年曝光的水门

事件了。两年后尼克松辞去总统职务，水门事件从内部瓦解了美国的对外威信。

当时，美国之音是美国新闻署的一部分，在越南战争和水门事件中，美国之音履行了报道机构的职能，甚至得到了密切监督广播的多个团体的高度评价。例如，关于水门事件的报道，《华尔街日报》头版刊登《美国之音，毫不隐瞒水门事件的蛛丝马迹》一文赞赏美国之音的行为。[16]

尼克松卸任后的1975年，以哥伦比亚广播公司前总裁、担任
宣传问题咨询委员会（ACI）议长职务长达9年的弗兰克·斯坦 90
顿为中心展开了关于美国对外宣传与文化政策的调查。调查历时一年，其间广泛听取了针对国务院及美国新闻署的批评，并完成了《斯坦顿报告》。报告包含以下大胆的建议：

- 废除美国新闻署，合并国务院及美国新闻署的情报文化活动，设立国务卿直接管辖的非正式独立机构“宣传与文化事务署”。
- 关于个别的外交政策，在国务院内设立对应的政策宣传局。
- 将美国之音改为拥有独立理事会的独立政府机构。

这份报告书得到了承诺联邦政府机构改革的吉米·卡特新总统的亲信的重视，除美国之音之外的两点都包含了行政改革。虽然1977年调查报告在议会被通过，但是在国务院从事教育文化交流项目的员工中，似乎有人在至今仍不被大众所熟知的“公共外交”概念的驱使下，认为与美国新闻署合并是奇耻大辱。[17]

“宣传与文化事务署”这个名称被改成了反映卡特总统意向的“国际交流署”（USICA）。对于卡特来说，这不仅仅是修辞上的问题，也是更为重要的理念问题。卡特总统将国际交流署的使命定义为“将我国的社会和政策——尤其是我们对文化多样性和个人

自由的信念——传递给世界”，除此之外还强调了“为了丰富我们
91 自身的文化，要向美国国民传播世界文化”的重要性。[18]关于前者，除了强调“文化多样性”以外，基本沿袭了过去的美国新闻署的方针。但是后者，比之前的艾森豪威尔、富布莱特或默罗的观念更进一步，是一个崭新的内容，是在“通过别人的理解来丰富自己的理解”这个崇高的理念下提出来的。为了明确后者的使命，美国新闻署成立以后，将使用了25年的“告诉世界美国的故事”（Telling America’s Story to the World）的标语浮雕从本部建筑物大厅撤了下来。[19]

另外，卡特总统还明确表明：“策划秘密活动、舆论操作和宣传活动等不是国际交流署的使命”。在此基础上，他大幅削减反共色彩浓厚的项目，还下达指示，废除美国新闻署在海外发行的月刊杂志《共产主义的诸多问题》，取而代之的是发行第三世界文化的特辑册子。[20]可以说这些举措强烈反映了卡特总统重视对话而非对立、重视相互理解而非大张旗鼓地进行宣传的和平主义信念。

但是，在他的四年任期中，受美国驻伊朗大使馆的人质劫持事件以及苏联介入阿富汗战争等外交事件的牵扯，卡特未能充分实现自己的理念就离开了白宫。

92 十六、朝向保守急回旋

1980年总统选举中，卡特的竞争对手罗纳尔多·里根取得了彻底的胜利，确立了共和党作为“保守政党”的地位。曾在1964年总统选举中被指名为共和党总统候选人的巴里·戈德华特参议员批评“共和党和民主党基本没有区别”，因此他绞尽脑汁要表现

出共和党的特色。尽管他与共和党内的激进派甚至右翼的形象相反，但是除了公民权问题以外，他的其他见解与以纳尔逊·洛克菲勒为代表的党内稳健派或者主流派都没有太大分歧。甚至当艾森豪威尔1952年竞选总统时，民主共和两党争相邀请他担任本党的总统候选人，他最后选择共和党的理由也是“民主党已经连续出了20年的大总统，是时候需要改革了。”从这一点看来，只有里根才能恢复“传统价值观”、“强大的美国”和“有限政府”（limited government）这些使共和党内右翼（宗教右翼、新保守主义和自由意志主义）和稳健派都能产生共鸣的象征性思想，从而夺回此前被“新政联盟”（New Deal Coalition）主导了近半个世纪的执政权，而移交到“保守联盟”之下。

里根就任总统后立刻任命其密友、前好莱坞制作人查尔斯·
威克为国际交流厅部长。威克十分欣赏犹太后裔、自由主义杂志 93
《评论》的主笔诺尔曼·波德霍雷茨和保守派智囊团成员、遗产基金会（Heritage Foundation）理事长埃德温·福伊尔纳等人，他着手开展以“真实的项目”为题的反苏色彩浓厚的宣传活动。国际交流署的预算在第一年度就增加了42%，似乎是为了否定卡特总统的“软弱外交”。1982年里根将国际交流署再度改名为美国新闻署（原本USICA就与CIA相近，很容易混淆，这也是该机构在国内外遭到抱怨的原因之一）。

1983年“民主主义项目”启动。这个项目是为了在世界范围内扩大民主主义。由于美国中央情报局局长威廉·约瑟夫·凯西也出席了计划立案会议，联邦议会监督委员会的成员因此发出了怀疑的声音。尤其是来自学术界的反对声十分强烈，譬如，哈佛大学教授斯坦利·霍夫曼主张：“如果美国希望扩大民主主义，那么就应该采取向外国示范民主主义模式、输入民主主义概念的方法。”另外还有许多其他的批评声也不绝于耳，诸如“不能将民主主义强加给外国”、“文化帝国主义行为”或“傲慢”等等。[21]

尽管如此，威克当年仍然继续进行这项计划并且使之发展壮大，设立了“全美民主主义基金”（NED）。全美民主主义基金虽然在法律上属于民间非营利机构，但是其活动预算却纳入国务院预算，在国会的许可下开展活动，属于一个特殊的组织。全美民主主义基金主要通过向四个相关机构分配预算进行资金援助，从而达到弱化非亲美政权或者强化亲美政权的目的。这四个机构分别是：在全美民主主义基金成立前就作为美国劳工联合会—产业工会联合会（AFL-CIO）的一个部门存在，后来改名为美国国际
94 劳工团结中心（ACILS）的自由贸易联合研究所（FTUI）、美国工商会议所的国际私营企业中心（CIPE）、共和党的国际共和研究所（IRI）以及民主党的国际问题民主研究所（NDI）。这些活动中最有成效的大概是在波兰开展的活动。全美民主主义基金从1984 年开始，直接援助波兰工会、报刊以及人权拥护团体等。1988 年波兰总统选举之际，向莱赫·瓦文萨率领的独立工会——“团结”资助了 250 万美元。[22]

关于全美民主主义基金，曾经参与起草成立法案的历史学家艾伦·韦恩斯坦（现任美国国家档案馆（NARA）局长）在《华盛顿邮报》（1991 年 9 月 22 日）的采访中表示：“我们（全美民主主义基金）现在所做的基本上都是 25 年前美国中央情报局秘密做过的”，这引起了轩然大波。

相比“慢速媒介”，威克更重视“快速媒介”。

1983 年，全美民主主义基金设立了马蒂广播电台和电视台（Radio/TV Marti），一方面为了弱化古巴的菲德尔·卡斯特罗政权，另一方面企图获得在佛罗里达生活的反卡斯特罗派的古巴裔

美国人的支持。同年设立了世界上第一个国际卫星网络“全球网”(world-net)，通过驻外的美国政府机构，向世界各地的广播电台发布新闻素材，或者转播美国政府要人的记者见面会。直至1980年代末，该网络连接了世界128个国家的190个城市，平均每年转播超过400场的记者见面会。国际卫星网络频道比美国有线电视新闻网（CNN）国际频道设立得还早，活动网络也更加广泛。[23] 95

所不同的是，威克对“慢速媒介”——也就是教育文化交流项目——持怀疑态度，提议削减包括富布莱特交流计划在内的相关项目的预算。这一提议遭到了国会以及学术界的猛烈抨击，国会通过了由克莱本·佩尔参议员（民主党）提议并以他的名字命名的《佩尔修正案》，截止到1986年将分配给教育文化交流项目的政府预算提高到了原来的两倍，同时采取了禁止挪用预算到其他宣传项目的措施。不仅如此，佩尔随后继续抗议美国新闻署的宣传带有过于强烈的保守主义色彩，甚至于1987年提议废除美国新闻署，将教育文化交流项目移交史密森尼学会管理。这项提案虽然没有被国会通过，但是共和党与民主党，或者保守派与自由派的对立，在公共外交中也强烈地反映了出来。[24]

1984年，有报道称美国新闻署有一份黑名单，名单上的人不能作为美国新闻署的讲师参加海外派遣项目。威克承认确实存在黑名单一事，但是声明这份名单已经作废了。名单中有84人，他们被认为是自由主义派，包括全美广播公司的播音员大卫·布林克利、哥伦比亚广播公司播音员沃尔特·克朗凯特、经济学家约翰·加尔布雷思、马丁·路德·金牧师的遗孀科丽塔·斯科特·金、女权运动的领导人贝蒂·弗里丹和消费者权益运动家拉尔夫·纳德等。[25]据美国海军学院教授恩斯·罗尔德称，在里根政府之前存在着强烈的自由主义偏见(libertybias)，向这些项目派遣 96

保守派讲师还是很罕见的。[26]

伊朗门事件可以说是1980年代美国最大的政治丑闻。美国政府秘密向敌国伊朗出售武器，将贷款发放给中南美尼加拉瓜的反共亲美武装组织“康特拉”（contra），让他们用于购买武器。美国国会规定，向伊朗或尼加拉瓜反共武装出售武器是违法行为。1986年事发之后，美国国内因此一片哗然。

追溯到事发前三年的1983年，里根任命反卡斯特罗派的古巴裔美国人奥托·赖克为国务院政策宣传局（OPD）局长，命令其提升“康特拉”的形象。赖克发动媒体的力量，刊登攻击尼加拉瓜社会主义政权的报道，用化名发表拥护“康特拉”的文章等等。不久，政策宣传局因泄露秘密情报、对美国新闻署的越权干涉等原因而被迫解散。[27]赖克被调任驻委内瑞拉大使，2002年参议院休会期间，他又被小布什任命为国务院负责拉丁美洲事务的国务次卿候选人。

1985年米哈伊尔·戈尔巴乔夫就任苏联共产党中央总书记，推进改革和信息公开。美国为了降低信息交流与文化交流的门槛而向克里姆林宫施加国际压力，与苏联签订了许多双边协议。结果，随着对美国之音干扰的减少，美国的电影、电视节目以及出版物在苏联国内得到广泛流通。1950年代以后，美苏之间的学术交流项目每年只有40个左右，苏联的高等教育局甚至提议到
97 1988年增加到300个。[28]在拉拢国际舆论、促进两国的信息与文化交流时，美国的价值观便显示出其优越性，进而促进对方国家的变革，这种方法正是默罗所强调的。

不久，柏林墙倒塌，东西德开始了统一进程。在此背景下，1989年12月，老布什与戈尔巴乔夫在马耳他岛进行会谈，宣布冷战结束。戈尔巴乔夫后来就任苏联第一任（也是最后一任）总

统，不久因保守强硬派的军事政变而结束了他短暂的总统生涯。军事政变时，戈尔巴乔夫在软禁地收听自由欧洲电台的新闻来把握国内外的形势。这段故事非常有名。

尽管美国在与苏联的冷战中取得了胜利，但是，由于第二次世界大战以及东西方的冷战，当近半个世纪的“紧急状态”结束时，美国的宣传与文化活动却失去了意义。与欧洲主要国家不同，美国对待非紧急情况下的政府宣传与文化活动很消极，如何重新定义美国新闻署的存在理由成为一个大问题。回顾这段历史，即使在“紧急状态”下——假设限定在冷战后期——民主党的卡特政府和共和党的里根政府对于宣传与文化活动的理解也有很大不同。共和党的艾森豪威尔政府与民主党的肯尼迪政府重视“慢速传播媒介”，而民主党的杜鲁门政府与共和党的里根政府则重视“快速传播媒介”，当然，确实存在超越时代和政党的共同认识。即使将宣传与文化活动理解为公共外交，根据不同时代着重点的不同，对于公共外交的印象和评价也会有很大不同。这种概念上 98
的模糊，使得重新定义美国新闻署存在的理由变得更加困难。

十七、“美国”烙印

越战致使美国国内经济状况急转直下，与此相反，日本经济则得到了高速增长，这样的非对称画面——这也是日美关系史上美国第一次处于劣势地位——加剧了日美相互认识的差距和相互感情的扭曲。尤其是日本的专家、风云人物以及领导未来日本的年轻人开始用“衰退”或者“没落”的眼光看待美国，这令美国感到了担忧。

1970年代前半期，担任东京美国中心馆长的保罗·布莱克本举了以下事例来形容当时的风潮：“我在日本接触的人，即使是‘研究美国’的专家，也不理解美国的时事。（‘水门事件’曝光时）很多人问我是不是性丑闻或者金钱交易丑闻，我一边解释如果尼克松参与了该事件，那么他隐瞒事情真相所产生问题的严重性；一边想通过这次危机事件，让日本人明白美国政治制度结构的复杂性。然而，我的这些努力全都白费了，他们仍然认为将这
99 些不值得一提的隐情夸大的原因，只不过是与尼克松反目的或者现实主义政敌的勾当而已。”[29]

为了改善日本人对于美国的理解，布莱克本与1970年赴任日本美国新闻处长官的阿兰·卡特一起，着手对宣传与文化活动进行大改革。阿兰·卡特是美国新闻署默罗署长的亲信——威尔逊副署长（前《时代》（*Times*）记者）的特别助理，也是信息交流方面的专家。

他们首先将日美关系最重要的领域分为以下五类：

- 国际政治（日美关系、东亚安全保障、中国问题等）
- 国际经济（日美贸易、国际货币问题、劳动问题以及贸易问题等）
- 现代美国社会（种族问题、女权运动、教育、政治制度等）
- 21世纪的世界（信息化社会、环境问题、宇宙海洋开发、人口问题等）
- 创意艺术（电影试映片、录像片、音乐、舞蹈、现代文学等）

在此基础之上，布莱克本与卡特将美国中心主办的活动都限定在这五个领域，每个领域都制定了与此对应的日本专家名单。专家的相关信息都被输入新开发的“观众记录系统”（Audience

Record System）的数据库，充分利用数据库来提高信息传播的效力。这些活动原则上实行邀请制，各个领域的专家、风云人物和可能成为日本未来领导者的年轻人是重点邀请对象。美国方面则派遣政府要人、大学或智囊团的专家和记者等作为讲师到日本来。[30]

布莱克本回顾当时活动的情形时表示：“东京美国中心每周举 100
办两三次活动。在我担任馆长的三年间，举办了200场以上的演讲。我第一次负责的是迈克尔·阿马科斯特的演讲会，主题是地区安全。他是我第二次去日本赴任时的驻日大使。除了他之外，还有许多著名人物的演讲，譬如经济学家保罗·萨缪尔森，他的经典著作《经济学》是全世界最畅销的教科书，经济学专业的学生人手一本。在艺术领域，野口勇和路易斯·内凡尔森也都发表过演讲。我们还经常举办大规模的萨姆·弗朗西斯的作品展，他当时就住在东京的美国中心附近。还合作举办了安迪·沃霍尔的访日活动。”[31]

对这些从美国来的讲师，还尽可能地安排他们在其他的美国中心也进行同样的活动。

关于美国新闻处的出版物方面，之前的《美国书信》等杂志被废弃，从1970年开始，更具时尚感的《趋势》（*Trends*）开始发行，内容也都是按照上述五个领域进行编辑的。

除此之外，图书馆的名称，也由原名“信息自动馆”（information automat）缩略为“info-mat”。根据当时图书馆简介的记载，这是为了实现“信息的高效储藏、有效展示和快速检索”而设计的多媒体图书馆。在信息自动馆中，为了扩大可利用的资料范围，
在资料库中新输入了微电影和单片缩影胶片，资料的运输方式也 101
由海运改为空运。所藏的图书也仅限于与上述五个领域相关的专

业书籍和参考书，放置6年以上的图书全部废弃（或者捐赠出去）。[32]

美国如此迅速地采取措施应对信息化时代的到来，一方面是为了更有效地处理信息，另一方面也是为了显示出美国是一个富有进取精神的国家。

不仅是美国中心的活动，美国中心的装修风格都向外透露出这种信号。美国驻日大使馆根据《旧金山条约》重新成立之后不久，紺家孝雄就在美国新闻处工作，长达43年之久。他回忆起当时的情形时说：“东京的美国新闻处将1970年代前期在美国流行的最新装修风格——SuperGrafx——介绍到新闻处别馆所在的钢筋大楼。新闻处所在的旧钢筋大楼的五楼和六楼，用不同颜色的线条和图标来表示去各个部门科室的路线，让人一下电梯就知道往哪里走。地板上、墙壁上甚至天花板上都画了粗而鲜艳的线条和图示，沿着这些色彩鲜艳的线条走的话就可以一目了然地看到要
102 去的部门科室。这种设计应用到了各个美国中心，吸引了日本建筑装潢及设计人员的关注。通过诸如此类的方式及时介绍美国最新的信息，展示出美国的热情和努力，希望日本能够加深对美国的认识和理解。直到如今美国仍然没有丢弃这种做法，而且其中也展示出美国式的幽默。譬如，美国新闻处所在建筑物的五楼，女洗手间的门上画着真人大小的女性冲进洗手间的画面，男洗手间的门上画的是真人大小的男性踢开门的画面。这些都展示了美国人不仅认真而且诙谐磊落的国际形象。”[33]

负责装修设计的是活跃在SuperGrafx界的雷·科迈（Ray Comai）等人。谈到这些奇异的设计理念时，科迈说：“在设计各地的美国中心的内部装修时，我们首先想努力打破外交官无趣而又缺乏想象力的形象。来拜访这座办公室的每个人或多或少地——

包括我们的员工也是——会持有这样先入为主的观念，这会妨碍我们进行我们想要的富有新鲜感的或者亲密无间的对话。所以我们首先要引起来访者的兴趣：首先将入口处的‘自由女神’像炸得粉碎而且到处乱飞。这是为了向人们展示，在这里我们没有任何隐瞒，想要自由地交换意见。”[34]

在以“与恐怖主义作战”作为金科玉律的当今美国，将被炸 103
的“自由女神”像放在美国中心的入口处实在难以想象。但是，将尝试破坏“传统”和“权威”的1960年代的青年对抗文化打造成象征美国进取精神的品牌，确实是一个破天荒的创意。竟然连内部装修都被当作外交空间，这算是给“美国”品牌增添了色彩。

观众记录系统和SuperGrafx后来也被引入到其他国家的美国新闻处的活动当中。从民间情报教育局图书馆到美国中心，对于美国的宣传与文化活动来说，日本既是一个需要经常挑战的地方，也是一个践行先驱尝试的地方。[35]

1976年，为了纪念美国建国200周年，现在的美国驻日大使馆（位于东京的赤坂）正式落成，其总面积近2.4万平方米，与伦敦的美国驻英大使馆面积相同，甚至比它的规模还要大。这栋建筑物外观简洁，最大程度地发挥其内部功能，可以说是现代建筑的样本，是在美国设计并且花费近40亿日元（当时）才建成的。[36]

十八、对等伙伴关系时代

由于越南战争造成的美国经济疲软以及日本经济的高速增长

104 所形成的非对称性的结构，不仅要求日本更加积极地参与国际事务，同时还加速了日美间平等伙伴关系的构建。

1971年，比尔德堡会议——著名的欧美民间知识性对话论坛——的核心人物，美国外交关系协会（CFR）会长、财经界知名人士大卫·洛克菲勒在伦敦发表演说，强调如今众多的国际问题仅仅依靠大西洋框架已经不能解决，日本的协助是必不可少的。受此激励，第二年，宫泽喜一、大来佐武郎和武者小路公秀等人在洛克菲勒宅邸召开会议。次年，日美欧委员会（Trilateral Commission）成立。关于这个委员会的意义，担任事务局日本国际交流中心的山本正说："这意味着一个新框架的形成，意味着日美关系成为多边关系中的一环；这也给了日本一个机会，让它从战后在精神上对美国的一贯依赖中脱离出来。"[37]2000年以后，由于日本以外的亚洲国家领导人也参加了这个委员会，委员会的日语名称便由"日美欧委员会"改为"三边委员会"。

1975年，根据美国国会通过的《日美友好法》，美国用一部分占领地救济政府基金中日本返还的部分资金，以及返还冲绳（1972年）时日本赔偿的公共设施转让费作为基金，成立了日美友好基金（JUSFC）。该基金隶属美国联邦政府机构，有义务向国会和总统汇报，但是不接受日美两国行政机关的任何监督，基金理事会自己拥有决策权。从1991年起，受美国新闻署的委托，日美友好基金开始担任日美文化教育交流会议的美方事务局。

105 日美对等伙伴关系的动向在富布莱特交流计划中也可窥见。美国政府没有停止缩减富布莱特计划的预算，1978年度的奖学金获得者仅54人，创下历史最低纪录。美国的奖学金获得者人数下降到仅16人。因此，在1978年的卡特—福田会谈中，日本政府接受了美国针对该计划的资金减半的调整，"在日合众国教育委员会”改名为“日美教育委员会”，日本成为第 22 个分摊资金的参与国。1986 年日本的占领地救济政府基金富布莱特同学会为了给留学美国的日本留学生募集奖学金，成立了国际教育交流振兴基金会。[38]这样富布莱特交流计划就成了名副其实的日美两国官民一体的信托事业。

最意识到日美对等伙伴关系的标志性人物，可能要数驻日大使迈克尔·曼斯菲尔德了。

迈克尔·曼斯菲尔德是被卡特总统起用的长老级大使。他曾在肯尼迪到福特的连续四届政府中担任参议院议长长达 16 年，是历史上担任这一议会最高职务时间最长的人，在美国政界德高望重。迈克尔·曼斯菲尔德担心日美经济摩擦会变得政治化，不遗余力地游说“日美关系是世界上最重要的两国关系”，要求向日本让步，同时也要求美国停止单方面对日本的批判。迈克尔·曼斯菲尔德如此苦口婆心地劝说美方，有时他被人们笑话为“日本驻日大使”。

有一件事非常有名，也感动了不少日本人：大使曾经亲自给 106
来宾泡咖啡。虽然这段佳话确实很像重视日美对等伙伴关系的迈克尔·曼斯菲尔德的做法，但是在后来出版的传记中，迈克尔却说，这种待客方法暗含着对当时普遍的女性泡茶待客习惯的抗议。[39]1983 年，遵照迈克尔·曼斯菲尔德夫妇“加深美国对亚洲的理解，努力促进与亚洲各国关系”的嘱托，莫林与迈克尔·曼斯菲尔德基金会成立了。

1981 年，虽然政权转移到了共和党人里根手中，曼斯菲尔德仍然被总统留任，担任美国驻日大使长达 21 年，是历史上担任该职务时间最长的人。从 1980 年代到 1990 年代，由于国会设立的美国贸易代表办公室（USTR）在对日政策方面的发言权增加，美国为了在民主党占据优势地位的议会树立威信，也为了不伤害与东北亚地区最大的军事战略伙伴——日本的关系，迈克尔·曼斯菲尔德的留任是必不可少的。

截止2007年，在已经公开的1980年代美国新闻署（有段时期改名为美国国际交流厅）针对各国的计划中，我们可以发现，关于日本的计划中一直重复着以下表述：“日本不仅是亚洲，从全球角度来看，也是美国政策最重要的部分。与日本的安全保障关系，以及按照协议进驻美军基地，对于维持东亚的力量平衡都是不可或缺的。为了提高日美在东北亚的防卫能力，美国应密切而频繁地与日本在共同防卫议题上达成协议。”[40]

107 1978年《日美安保合作指南》（*Guidelines for Japan-U. S. Defense Cooperation*）缔结以后，虽然日美防卫合作变得制度化了，但是在日本国内的制约条件下大幅度提高防卫能力仍然是很困难的，这使得日美之间关于防卫的摩擦增加了。为了避免与经济摩擦联系在一起，中曾根康弘首相在防卫政策方面表现出了积极的态度。罗纳德·里根与中曾根康弘互以昵称称呼对方，在日美关系史上尚属首次，这加深了日美对等伙伴的印象。

追求更对等的日美关系的倾向在日本的美国研究中也有所体现。例如，1951年成立的（第一次）京都美国研究夏季研讨会，自1980年代以后，原来由美国讲师讲课日本人听课的形式，变成了日美双方研究者专家会议的形式。这个转变有一个背景，那就是随着日本经济的发展，有美国留学经验以及获得学位的人数增加了。在知识交流领域这种重视对等伙伴关系的姿态，在后来的美国札幌研究单元研讨会（1980—1995年）、（第二次）京都美国研究夏季研讨会（1996—2005年），以及名古屋美国研究夏季研讨会（2007年至今）中被一直传承下来。

关于当时布莱克本担心的日本对于美国的理解，有贺贞说："直到1970年代结束，显然已经没有值得日本学习的自由主义者和马克思主义者的榜样。正如某位知识分子所描述的：'美国社会呈现出疲态，社会主义倒不如说是充当了反面教材，第三世界的内部矛盾也相当严重'。对于1980年代的大部分知识分子来说，
美国即使不再是值得学习的榜样了，他们中的大多数人，就像高 108
坂正尧那样，仍然认为美国文明有其发光的部分，也有阴暗的部分，发光的部分依然具有伟大的一面。"[41]

一方面，从日本经济实现高速增长的1970年代开始研究日本的肯特·考尔德、爱德华·林肯、理查德·萨缪尔等形成了战后第四代"知日派"，他们从更专业的角度来分析日本，提倡改变对日本的政策和制度。另一方面，1980年代，批判以赖肖尔、傅高义等为代表的——也就是所谓的"亲日派"或者"菊花俱乐部"——主流日本观，强调日本的价值、规范和制度之异质性的修正主义显著抬头。尤其是克莱德·普雷斯托维茨以及詹姆斯·法洛斯等成了"批评日本"的代名词。

为了抑制美国衰退论或者日本异质论，推进日美对等伙伴关系，1991年，日本的特殊法人（当时）国际交流基金（Japan Foundation）下设了"日美中心"（CGP）。在国际交流基金的管辖下，日美中心被定位为"对于世界性的课题，日美两国是伙伴关系，在这个认识的基础上，促进日美之间具有政策指向性的知识性交流和对话，通过地区及民间的交流，担负起促进日美相互理解和拉近日美关系使命的组织"。前日美中心所长和久本芳彦在提及日美中心成立的背景时说："在冷战后国际形势变化的推动下，受美国战后政策倾斜的影响，日本甚至发展成了可以与美国有着
几乎同等国际地位的国家。经济实力强大的日本，被公认为继苏联 109

之后对美国的又一大威胁。鉴于日本的经济实力，以及日本对于美国多年来所给予照顾的感恩之心（我们成立了日美中心）”。[42] 2007年开始，受外务省的委托，日美中心开始担任日美文化教育交流会议的日方事务局。

美国人时常冷言冷语地说“日本是冷战中唯一的胜利者”，然而，在这样的舆论背景下，日本的泡沫经济却在1990年前后到了破裂的边缘。1991年海湾战争爆发，以美国为中心的多国部队虽然在伊拉克取得了压倒性的胜利，但日本的“支票簿外交”却引起了美国的不满。对于习惯了曼斯菲尔德十几年来的对日稳健路线的日本来说，继任的驻日大使阿马考斯特的交涉态度，正如其“压力先生”的名称那样令日本感到压力。《现代用语基础手册》1992年版中因此出现了“嫌美”这个词。日美对等伙伴关系时代是美国论和日本论，以及民族主义和爱国主义争论激化的时代。

第四章　后冷战时期的公共外交 111

十九、美国新闻署的末期

冷战时期，以美国为首的资本主义阵营最终战胜了以苏联为代表的社会主义国家。然而，对于美国而言，它也为此付出了不菲的代价。大规模的军事扩张，致使财政与贸易“双赤字”的负担加重，产业空洞化危机加剧，直至1980年代后期，美国沦落为世界上最大的净债务国。同时，识字率、婴儿死亡率和贫困率在主要发达国家中的情况也是最糟糕的，城市萧条，公立学校荒废，犯罪率剧增，中产阶级没落，失业率增高，种族冲突与民族主义情绪蔓延……在倡导追求自由民主和扩大市场经济的美国，存在着这些甚至被称为“美国第三世界化”[1]的现实，实在令人感觉悲惨并具有讽刺意味。

由于经济持续衰退，人们对老布什总统的经济政策日益不满，因此在1992年的总统选举中，提出将经济问题放在首位的民主党总统候选人比尔·克林顿获得了胜利。这对于因冷战和海湾战争（1991年）胜利而一度获得90%以上支持率的现任总统而言，无疑是更加残酷而具有讽刺性的现实。

112 承诺将经济复苏摆在首位的克林顿政府，开始努力开拓市场，扩大对外贸易。总统助理安东尼·莱克曾经在政府建立之初明确表示：“冷战时期，我们曾一度遏制自由市场民主国家可能带来的世界性威胁，但是现在，我们应该普及并扩大自由市场，尤其是在对美国具有重大意义的地区。‘遏制理论’的继承者必须是‘扩张战略’，也就是为了扩大由自由市场民主国家构成的国际社会的战略。”[2]

在这个“扩张战略”的基础上，克林顿不顾国会反共强硬派与人权派的批评，放缓了1989年以来对中国的制裁，转向推行对中国的干预政策，诸如宣布延长中国的最惠国待遇（1993年）、签署关于中国加入世界贸易组织（WTO）的相关协议（1999年）等。不仅如此，迫于本国产业要在越南开辟市场的压力，在西贡政府被推翻20年之后，即1995年，美国与越南实现了邦交正常化。与此同时，美国在亚太经济合作组织（APEC）中的积极姿态以及对《北美自由贸易协定》（NAFTA）的推进等，都表明它正采用不同于上届政府的政策，在新兴市场中寻求着大规模的区域经济合作。

自1980年代以来，社会浪潮逐渐从新政自由主义（New Deal Liberalism）变为新自由主义（Neo-liberalism）。前者以制约经济效益与竞争力为“正义”，而后者则以提高效益和竞争力本身为目标。在全球市场经济和市场的普遍原则之下，共和与民主两党都只采取了大同小异的政策，就如同“是选择可口可乐还是百事可
113 乐”一样。从扩大自由贸易和区域经济合作以及谋求全球经济一体化的角度来说，对此持积极态度的克林顿更加亲近众议院院长、共和党人牛金贵（Newt Gingrich），而不是众议院民主党左派理查德·格法特。（与此相反，从反全球化的角度而言，民主党左派格

法特与共和党保守派、政治评论家帕特·布坎南之间倒没有太大的分歧。)

随着冷战的结束，美国新闻署也失去了其大义之道。在变化的社会浪潮中，它开始重新定义自我存在的理由——通过宣传本国商业价值观的优越性和经济政策的健全性，以求达到公共外交与贸易振兴的协调发展。

例如，关于《北美自由贸易协定》的签订，当时美国新闻署的内部报告中记录：“美国的公共外交对《北美自由贸易协定》的生效做出了‘核心贡献’，美利坚众合国对墨西哥给予关心，并不仅仅是想从对墨贸易中获取利益。我们努力向墨西哥国家的最高层证明了这一点。美国人民逐渐懂得关心、尊重墨西哥国家的知识、文化价值观以及所取得的成就，由此，我们成功地缓和了来自《北美自由贸易协定》最大反对势力的敌意，并为美墨两国经济与政治合作奠定了基础。”[3]

美国新闻署致力于支援新兴市场中的美国企业，但这一举动却遭到了美国新闻署内部员工的严厉批评。这些重视“相互理解”与“对话”理念（富布莱特和默罗提出）的人讽刺说，美国新闻署就像一个“缩小版的美国商务部”[4]。 114

1990年代，随着以信息技术为代表的技术革新，以及金融投资和贸易的全球化，美国经济出现了历史上最长时期的持续增长，股票价格飙升，失业率和通货膨胀率也保持在较低水平，整个社会呈现出一派繁荣景象。严重失衡的财政收支也开始好转，1992年财政赤字高达近3000亿美元，但1998年开始出现“扭亏为盈”，2000年盈余甚至还超过历史最高值1500亿美元。

然而，随着经济的复苏，美国新闻署的存在价值又再次变得模糊不清。不仅如此，信息与市场的全球化，也动摇了美国新闻署的信条——“向世界传达美国的神话”。美国保守主义（自由意志主义）智囊机构卡托研究所在1995年公布的报告书中说：“冷战结束以来，政府一直在减少其应当采取的措施与政策。支持工会主义、大肆开展宣传活动、为外国学生颁发奖学金……美国已经不需要再与共产主义战斗。与此相反，随着门户开放、贸易和投资自由化国家的增加，商业领域和财经界采取的措施逐渐增多（即非政府措施）。与电影之都好莱坞、诞生无数知名歌曲的汽车城唱片公司、牛仔品牌李维斯、数不清的旅游者和有巨大影响力的大众传媒这些非政府措施相比，美国政府在信息和文化方面给外国人留下的印象是少之又少的。况且，有些外国人为了了解美
115 国文化甚至不惜花费金钱，虽然知晓这一点，可政府却仍以免费的方式向海外推广本国文化。这种做法是不合情理的。因为已经没有必要‘完全抓住他们的心理’。”[5]

另一方面，一心想推行“小政府”政策、放松管制、扩大私营化并履行自身责任的克林顿也积极地致力于精简重组行政机构和削减预算。1989年之后的十年里，按通货膨胀调整后的实际价值计算，美国新闻署的预算减少了10%。1999年预算为11亿美元，这个数额仅是国务院预算的8%，国防部预算的0.3%。1963年之后的30年间，美国联邦预算增长了14倍，而美国新闻署的预算只增加了5.5倍。[6] 1960年代中期，美国新闻署的员工数量超过了1.2万人，达到峰值，1994年为9000人，1999年减为6715人。[7]

尽管预算和人员都在不断减少，美国新闻署仍然设立了情报局（IB），竭尽全力引进信息技术革命带来的新技术，诸如互联网和电子邮件等。与此同时，美国新闻署图书馆更名为“信息资源中心”，加强对信息的筛选和集中，诸如强化由专家和记者提供的

咨询服务等。

尽管如此，在政治思想面前，新闻署的这些努力却显得苍白无力。

1994 年的中期选举中，共和党东山再起，一举夺回在参议院时隔 8 年、众议院时隔 40 年的掌控权，成为拥有多数议席的党派，而民主党在众参两院中都惨遭失败。之后，克林顿开始“倾右”，清除极端左右翼势力，而他也不得不依靠与民主和共和两党中间势力的合作和斡旋而谋求政治的发展。 116

终于在 1995 年，要求废止美国新闻署的法案被提交至国会。虽然该法案未被通过，但之后却给美国新闻署带来了持续的压力。特别是参议员外交委员会主席杰西·赫尔姆斯，这个出了名的保守派顽固分子，抵制共产主义和堕胎，反对将伟大牧师马丁·路德·金的诞生日设为纪念日，拒绝向二战期间强行拘留日裔美国人一案的受害人进行赔偿，反对施行自由和进步的政策。不仅如此，他还明确说过，自己不赞成多边主义，反对国际条约，并扬言不再缴纳联合国会费，缩减对外援助。

克林顿曾在自传中回忆当时的情形：“为了在参议院通过《禁止化学武器公约》，（1997 年）4 月的大部分时间都花在了国会工作上。许多议员给杰西·赫尔姆斯打电话，与他会面，尝试着说服他。最后交涉的结果是，他将投赞成票，但作为交换，我们要将军事管理与裁军处（ACDA）以及美国新闻署并入国务院。”[8]除此之外，根据《史密斯·蒙特法案》，美国政府不能对本国人民开展宣传工作，因而使得美国新闻署在国内没有支持后盾。这也加速了其消亡。

因此，1999 年 10 月，军事管理与裁军处和美国新闻署被正式整合并入美国国务院，而美国新闻署国际广播电视台旗下的美国之音、自由欧洲电台/自由电台、自由亚洲电台、马蒂电台和电视台也转由跨党派成员组成的独立联邦机构“广播理事会”（BBG）管辖。

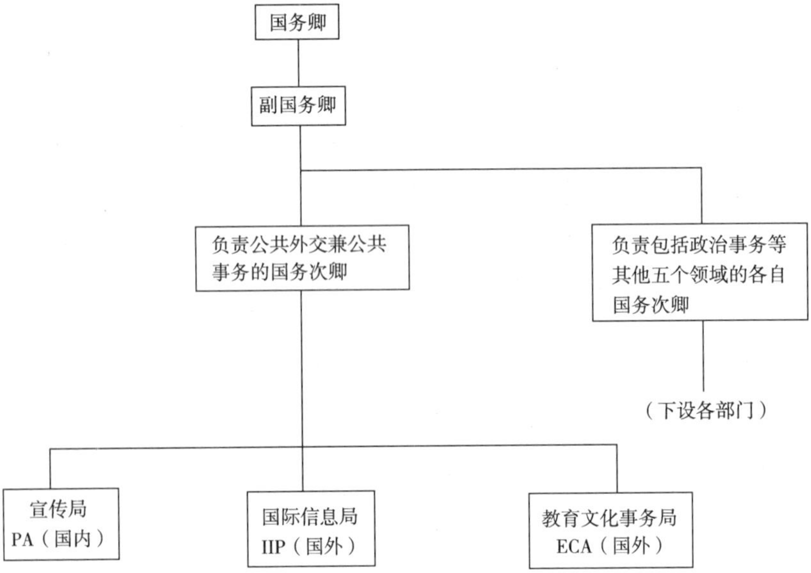

美国国务院的公共外交相关组织图（2008年）

117 重新整合之后，国务院新设了“负责公共外交（PD）与公共事务（PA）的国务次卿（PDPA）”一职。国务院原本就有公共事务一职，负责面向本国进行政策宣传（诸如新闻中心的运营、大众宣传、城镇会议的举行和外交史的编纂等）。公共外交部门则面向国外，分为两个事务单位：负责宣传工作的国际信息局和负责文化工作的教育文化事务局。另外，国务院在各个区域的部门内设立了负责公共外交的职位，在国务院内部的各机构也设立了27个职位，旨在强化公共外交。国际信息局、教育文化事务局和负责公共外交与公共事务的国务次卿的办公室设在原美国新闻署的总部大楼，而公共事务部门的办公室则保留在国务院主楼中。

对于此次整合，社会各界的看法迥然不同。有人认为，并入
国务院这种特殊机构，美国新闻署便不再像其他政府部门一样， 118
公共外交的活动范围和协调功能也会受到限制；由于成为了国务院的一部分，它将被赋予追求短期国家利益的任务，这样会加重其“宣传”的色彩。但也有人持积极态度：这样能在国务院制定和实行政策时更好地反映出国家在公共外交上的立场；国务院主要负责信息的收集、政府之间的外交和传统外交，与此相对应，美国新闻署主要负责信息的传输、非政府之间的外交和非传统外交，两者的统一，将为美国外交开辟更宽广的道路。

美国国务卿马德琳·奥尔布赖特认为此次整合是积极的，并表示十分赞赏。她的这种对宣传与文化工作并不热心的态度，可以说与赞成美国新闻署独立于国务院的前国务卿约翰·杜勒斯的态度泾渭分明。卡特担任总统时期，一直在国务院从事文化教育交流工作的员工们担心，与美国新闻署统一后他们的工作会染上低俗的“宣传”色彩；而此次，则轮到美国新闻署的员工们开始抱有同样的担忧。这也是1990年代一个残酷而具讽刺意味的现实。事实上，这次整合并不是在深入讨论之后得出的关于公共外交理想状态的结果，而是不同党派势力之间政治妥协的产物。

而颇具意味的另一方面是，“公共外交”一词首次被用于政府机构名称中，与“公共事务”一并列入同一事务局。这也表明，
在内政与外交界线日渐模糊的全球化时代，在如何理解美国的外 119
交政策和如何构筑美国外交政策的基础这两个问题上，美国必须超越国界的限制。

二十、孤立主义抬头

在 1993 年的总统就职演说中，克林顿将经济重建课题摆在了首位。在长达 4200 个单词的演讲中，涉及到外交的单词仅有 141 个。[9]

然而，这并不意味着克林顿不重视外交问题。恰好相反，作为冷战后“唯一的超级大国”，美国肩负着建立“新的世界秩序”的重任，无论情愿与否，凡是国际问题都必须参与其中。虽然仅靠美国一国之力不能解决问题，但是缺少了美国，解决问题则是很困难的。随着冷战结构的瓦解，种族冲突逐渐扩大，克林顿政府派兵进驻了索马里、卢旺达、波斯尼亚、黑塞哥维那、科索沃和海地。与此同时，以萨达姆·侯赛因为首的一些人阻碍联合国对伊拉克的武器检查，沙特阿拉伯大富豪奥萨马·本·拉登被指主谋策划了美国驻肯尼亚和坦桑尼亚大使馆的爆炸案，美国为此分别对伊拉克、阿富汗和苏丹进行了空袭。不仅如此，美国还在北爱尔兰和中东地区的和平进程中扮演了调停者的角色，为匈牙利、捷克和波兰三国加入北大西洋公约组织（NATO）做出了贡
120 献。2000 年，克林顿还派出时任国务卿奥尔布赖特访问朝鲜，表达了希望美朝和解的意愿。可以肯定的是，全球化使美国加强了与世界各国的同盟关系，扩大了自由贸易，也加深了世界各国间的相互依存关系。

尽管如此，无论是引导共和党在 1994 年中期选举中获得大胜的牛金贵，还是在外交政策审议方面有发言权的赫尔姆斯，他们都坚守孤立主义的立场，反对多边主义，并标榜单独行动主义。

与他们站在同一思想战线上的布坎南则有过之而无不及，不仅喊出了“美国（国内）第一主义”的口号，甚至还想废弃《日美安保条约》，以“自主防卫”为由要求日本发展核武器。

值得注意的是，该时期出版了两本书（都成为最畅销书籍）——《历史的终结及最后之人》（弗朗西斯·福山著，*The End of History and the Last Man*，1992 年）和与其论调相反的《文明的冲突与世界秩序的重建》（塞缪尔·亨廷顿著，*The Clash of Civilizations and the Remaking of World Order*，1996 年）。两者的差异只能说是对于美国未来乐观与悲观的区别，但它们的基调都是对自由民主主义，特别是对其象征——“美国优越性”的信奉。虽然两者都不是在宣传孤立主义，但从广义的角度来看，它们都是与“美国例外主义”一脉相承的说辞。

行动上与世界各国相互依存，思想上固守“孤立主义”与“美国例外主义”。正因为如此，美国的外交政策和存在立场错综变换，甚至被称为“波托马克河（位于华盛顿中部地区）的巴尔干化”。无论是强化国际干预抑或是孤立主义，这个“唯一的超级大国”——借用当时法国外交部长于贝尔·韦德里纳的话，比“超级大国”（Superpower）更进一层的“超超级强国”（Hyperpow- 121
er）——其一举一动都吸引着世界的目光，唤起各种情感和揣测。

2001 年 1 月，美国外交问题评议会和战略与国际问题研究所（CSIS）发表了它们的共同提议书《国务院改革》（*State Department Reform*）。提议书主张，相比冷战时期，21 世纪信息化时代下的公共外交需要进一步强化。[10]然而，美国公共外交在传递给世界“美国神话”形象的同时，也在国际主义与孤立主义的夹缝中变得更加难以捉摸。

而就在短短的 8 个月后，美国发生了一系列恐怖袭击事件。

二十一、日美关系之再定义

随着日美在经济和防卫领域摩擦的不断升级，两国之间的“平等伙伴关系”也变得错综复杂。1992 年，老布什总统与美国三大汽车公司老板来到日本，向首相宫泽喜一表示希望日本限制汽车及其零部件对美国的出口数量，但却遭到拒绝。其间老布什反复强调“就业”理由，他的这种做法被认为是“乞讨外交”而受到舆论的严厉批评。老布什在出席宫泽首相夫妇为其举办的晚宴时，突然从椅子上摔下来并开始呕吐，全球媒体甚至还报道了他被抬上救护车的画面。

122 之后的克林顿总统进一步加强了“以结果为导向”的贸易管理政策，1993 年与首相宫泽的会谈，次年与细川护熙首相的会谈，皆以失败告终（克林顿总统任期 8 年内先后与 7 位日本首相打过交道）。1980 年代开始，美国贸易政策的推行几乎由美国贸易代表办公室全权负责。在贸易交涉中，明显可见它对日本的强硬姿态。

1970 年代初，东京美国中心主任、克林顿政府第一任期时的驻日本大使馆美国新闻处负责人保罗 · 布莱克本，在回忆当时的两国关系时承认：“处理（美）对日关系时，解决贸易问题是首要任务。”另外他还说：“经济问题中存在一些专业性的问题，我认为这是美国新闻处难以解决的。但我们还是通过一些演讲会、‘国际访问者计划’和出版刊物等方式有效地传达了‘扩大贸易，开放市场’的声音。”[11]

当时，卡特政府的副总统、驻日大使沃尔特 · 蒙代尔正在积极地打开美国产品在日本超市的市场，美国新闻处为此也给予了援助。此外，1982 年美国天普大学日本分校成立之后，美国又有许多大学相继在日本设立了自己的分校。为了让日本文部省（当时）承认这些学校的学历，成为日本国内的正式大学，美国新闻处还积极开展工作，游说文部省[12]（2000 年天普大学日本分校正式得到日本认可）。正是这些“积极”，使得美国新闻署被讽刺为“缩小版的美国商务部”。

1980 年代后期，日本泡沫经济崩溃，1993 年开始全国经济陷 123
入严重衰退。与此相反，从 1993 年开始，美国经济重新进入恢复期。虽然对日贸易尚未摆脱赤字，但赤字规模已经不像以前那么大，以致动摇美国经济的基础。两国之间的经济摩擦缓和了，美国也因此转变了在贸易和安全保障问题方面的对日态度。

冷战结束以后，美国开始重新诠释亚洲战略。从 1996 年开始，美国便呼吁日本对日美安保体制进行再定义。作为回应，1999 年日本国会通过了关于日美新防卫合作指南的三个相关法案。

促使日本政府重新定义安保体制的是 1995 年发生的驻冲绳美国海军士兵强暴少女事件。对于当时的状况，布莱克本说过这样一段意味深长的证词：“发生这次荒唐残忍的事件，我们很多人担心是否要将部分美军，甚至全部美军撤离日本。包括媒体报道在内，美国新闻处密切关注着日本国内情绪变化的一举一动，并就此事对美国——特别是对美国军事基地的存在——表示谴责。事件发生之后的几个月以来，我在关于日本社会舆论的各个会议中也报告了这件事……然而，在与之前私下接触过的几位重要报刊编委聚餐时，我得知了一件事——事发后不久，这些编委曾经讨论过，应该如何应对冲绳乃至日本全国人民不断高涨的反美情绪。

因此，时刻关注事态发展的美国似乎得出了这样一个结论：日本社会希望美军立即撤离日本。但是，眼下中国正在台湾海峡进行
124 导弹演习，美国若在此时撤兵，将危害到日本的国家利益。正是基于此种考虑，他们决定在尊重日本人民反美情绪的基础上，减少关于冲绳的报道，同时利用专栏报道以支持和维系日美安保体制。于是，大众媒体的领导们开始执行这一方案。短时间内，不仅冲绳，日本本土其他地区的反美舆论都得以平息。《日本公司》就是当时替美国维护国家权益的报社之一。”[13]

此后，1996 年克林顿总统与桥本首相举行了会谈，并发表了《日美安全保障共同宣言》。宣言以“面向 21 世界的同盟”作为副标题，这使得“日美同盟关系”和“日美同盟”一类的词语逐渐频繁而自然地被社会使用。事实上，在此之前，日本政界忌用“日美同盟关系”来描述两国关系。1981 年里根总统与铃木首相会谈时，曾以联合声明的形式确定“日美两国是同盟关系”，结果导致了时任外相伊藤正义的辞职。因此在里根总统与中曾根首相会谈后所发表的联合声明中，便没有提到“同盟”一词（以致后来与克林顿一同参加记者见面会时，桥本首相也只使用了“日美安保体制”这一说法）。

随着美国新闻署预算的削减和日元升值，日本美国新闻处也逐渐陷入困境，面临京都大阪的美国中心合并（之后的关西美国中心）和《趋势》（*Trends*）杂志停刊等窘况。1995 年，美国公共外交咨询委员会（USACPD）副主席威廉视察日本美国新闻处时，发表报告称：“1976 年日本籍员工（FSN）有 180 人，而现
125 在只有 90 人，对此我表示非常担忧。[14] 但是，美国深刻地认识到日本在经济和安全保障领域的重要性，因此，美国一如既往地将东亚公共外交预算的 50% 用于日本方面。”[15]

由于经济和安全保障是两个十分专业的领域，因此尽管美国贸易代表办公室和国防部与日本相关人员进行了交涉，但若要促进日美关系的进一步发展，文化也是一个不能忽视的问题。此时正值太平洋战争结束50周年，美国被要求进一步体恤日本的国民感情，深刻了解历史。

布莱克本回忆此时的情形说：“1993年，克林顿总统访问日本时，有一次我向他提议访问广岛。因为我觉得这既符合一个政治家的行为，又可以相对容易地安抚在（太平洋）战争结束50年之际高涨的反美情绪。可却遭到了大使馆中一些顽固人士的反对，认为这样做的风险太大。结果，这个提议未能实现。令人欣慰的是，广岛和长崎举行的（原子弹爆炸）50周年纪念仪式顺利结束，也结束了我在宣传与文化方面不必要的担忧。”[16]

关于在冲绳举行的纪念仪式，布莱克本带有辩解意味地说：
“我衷心地希望，日本本土人民能深刻地了解冲绳岛战役中到底发 126
生了什么，知道这场悲惨的战争对于美军决定投放原子弹带来了多大的影响。大使馆中许多工作人员认为当时的冲绳县知事——大田昌秀应该是非常反美的。但事实上，他在美国获得了博士学位，并撰写了关于冲绳岛战役史的论著，是一个极力反对驻日美军军事基地的人。1950年代的时候，我曾在这片令冲绳人民饱受战争之苦的土地上待过一段时间，于是我对大田知事说，用仪式来纪念那场悲惨的战争是冲绳人民的心声，希望他能予以考虑。令人欣慰的是，日本方面的专家们为此献计献策，驻日大使蒙代尔与美国军方的官员们也积极地给出了建议。最后，冲绳人民感动万分地举行了纪念仪式，并在美丽的和平纪念公园的‘和平基石’上刻下了战时死亡人员的姓名。其中不但有日本人、冲绳人，还有美国人、韩国人和中国人的名字。”[17]值得一提的是，后来

2000 年九州—冲绳世界首脑峰会召开时，克林顿访问了“和平基石”，并举行了纪念演讲。

另外，为了纪念战争结束 50 周年，美国国家航空航天博物馆举办了“埃诺拉·盖伊 50 周年纪念特别展”，与此同时，日本美国新闻处也积极帮助博物馆获得日方相关人士的理解。[18]但是，迫于美国退役军人的集体抗议和反对，展览最终不得不缩小规模。

此时，美国的经济飞速发展，诸如“日本威胁论”、“日本异质论”等声音逐渐消失，与此相反，日本却陷入“失去的十年”
127 的最低谷。日本惊异、憧憬并羡慕美国经济惊人的复苏能力和信息技术创新能力的同时，也对“美国一极独霸的单极结构”感到愈发地无奈、不安与焦躁。不仅如此，建立“新的世界秩序”的过程中，美国是唯一而且绝对的老大，“国际化”和“全球化”不过是“美国化”的幌子。一想到这些，两国经济与防卫摩擦所产生的反美情绪进一步加深。

反美情绪不仅在日本亲美派之间扩散，甚至使一直亲美的日本保守派之间也产生了不和。特别是 1998 年克林顿访问中国时，他不仅称美中关系是“战略合作伙伴关系”，访华结束以后还打破惯例地未到访其同盟国日本。为此，从“排除日本”到“无视日本”，日本对美国的抱怨不断加深。这些都强化了日本对美国的不信任感。1999 年通过的“新指南”三个相关法案，将旧指南中假想的“日本发生不测事态”改为“远东地区发生危机”时日美之间要加强防卫合作。事实上这是日美同盟关系扩大的象征。但是，到底应该如何看待这种扩大关系呢？是“平等伙伴关系”的深化，还是对美国的更加依赖？对此日本保守派有各种看法。

1990 年代的十年里，日美经济摩擦缓和，防卫合作进一步加

强。与此同时，在地球环境、世界人口以及自然灾害等全球性问
题方面，日美两国以“共同应对”为目标，成立了“日美共同议
程”。尽管如此，结果却与这些政府间在政治协调上所做的努力相 128
悖，“平等伙伴关系”实际折射出的却是日美关系的不对等，日本
国内舆论因此变得更加敏感。随着社会上“侮美”、“抱美”或
“离美”等新词的大量出现，日本开始转移其对于美国的注意力，
将重心急速地转向亚洲。正如“东亚共同体”理论所象征的那样，
一个区域性的合作组织就在此刻诞生了。

对于国内舆论的导向和日美在认识上的分歧，也许可以通过公共外交获取更大的注意力。但是在美国首都华盛顿，要求废止美国新闻署的法案已经在1995年提交国会并获得通过，国会正式下令两年后将其并入国务院。由于国会中孤立主义和独行主义思想的日益严重，强调“相互理解”与“对话”的公共外交也变得无足轻重。在对日政策中，美国主要加强了其国防部和美军（特别是海军）的安全保障方面的专家和军事专家的发言权，而非国务院中日本方面的专家和学术界日本研究者的话语权地位。（狭义上）他们也许不一定是“日本问题专家”，但可以说是战后第五代“亲日派”的代表吧。

二十二、“麦迪逊大道的女王”

从总统选举开始，小布什就主张“美国对世界应该更加谦 129
逊”，并批评克林顿政府积极介入国际纷争的行为。

然而，新政府成立后，所承诺的“应该谦逊”却开始在政策上偏向孤立主义和独行主义。特别是强烈体现共和党右派（宗教

右派、新保守主义、自由主义）立场的政策——拒绝签署《京都议定书》和《全面禁止杀伤性地雷公约》，未正式批准《全面禁止核试验条约》(CTBT)，签署关于批准撤消国际刑事法院（ICC）的决议等——都凸显了这些特点。不仅如此，小布什在新政府成立后签署的第一条法令（2001年1月），是美国国际开发署（US-AID）将取消对国际堕胎组织的财政援助。如同这条法令一样，国内政治的保守风气尽显在美国外交的大银幕上。

美国在冷战后不断强化其“一极独霸的单极结构”，世界各地的反美情绪也随之高涨。小布什的外交政策则被讽刺性地批评为与“谦逊”完全背道而驰。

为了改进美国在世界各国的形象，科林·鲍威尔被任命为国务卿。他在2001年3月举行的众议院预算委员会上发誓：“我们将任用能够巧妙地使外交政策和国家‘品牌化’，并向世界推销国务院和美国价值观的人才，来负责美国外交和公共事务，而不是用以往美国新闻署的那种老套路。(像美国新闻署一样）只分发宣传册是远远不够的。”[19]

130 被鲍威尔选中的是一家大型广告公司的董事长兼首席执行官夏洛特·比尔斯。这位“品牌战略”女强人的事迹甚至出现在商学院的教科书中，被世人尊为“麦迪逊大道的女王”（美国许多广告公司的总部都集中在此，位于纽约的麦迪逊大道也因此而闻名)。然而，政治与外交经历为零的她虽然积累了丰富的经验，也做出过杰出成就，但那些都是发生在商界中的。这一点倒是与很多内阁成员相似，包括小布什和鲍威尔在内，副总统迪克·切尼、副国务卿理查德·阿米蒂奇、国防部长唐纳德·拉姆斯菲尔德、财政部长保罗·奥尼尔、农业部长安·维尼曼、商务部长唐·埃文斯和国家安全事务助理康多莉扎·赖斯等等，他们都与金融界有着深厚联系，而且心怀宏大的商业抱负。被任命为美国驻日大使的托马斯·希弗，也曾是小布什在得克萨斯州的商业合作伙伴。

尽管鲍威尔曾经发誓，但事实上公共外交并未受到新政府的太多重视，在长达9个月的时间里，负责公共外交与公共事务的国务次卿的职位一直空缺。

在这样的背景下，2001年9月11日，美国发生了一系列恐怖袭击事件。一时间，美国受到国际社会的广泛同情，巴勒斯坦民族权力机构主席亚西尔·阿拉法特还为美国的受伤者献血，布什政府的政策路线也开始偏向国际合作。然而，事后在中东地区9个国家进行的盖洛普调查结果却显示，61%的人不相信这次恐怖事件是由阿拉伯人发起的，这也足以体现出反美情绪在人们心中的根深蒂固。[20]

恐怖事件发生三个星期之后，比尔斯正式宣誓就任国务次卿。131
为了搜捕恐怖分子，比尔斯设立了“正义奖赏计划”，以奖励那些提供恐怖分子信息的人。同时，她还面向阿拉伯—伊斯兰世界发起“共同价值观运动”，国务院为此投入了1500万美元（合17亿日元）。

在“共同价值观运动”中，美国通过电视广告片和印刷品等媒介宣传美籍穆斯林裔的生活，力求强调与伊斯兰教在价值观上的共性。但在运动中，认为这属于“纯政治宣传”的批判声相继从伊斯兰世界传出，因而使广告宣传片遭到不少当地电视台的抵制而被停播。事实上，这种反感并不是伊斯兰世界对于美国价值观的全盘否定，而是针对美国敌对性和歧视性的外交政策的批判，批评他们不尊重穆斯林的价值观。[21]

这次运动不仅反映出美国作为发起者对于目标国缺乏了解，在美国国内也招致了一些负面的社会评论，因为其中暗含着美国穆斯林所映射出的美国社会的负面问题。截止 2007 年，美籍穆斯林裔人口已达到 600 万，以大城市为中心，该人口数字还在持续增长，并将在几年后赶超犹太裔。其中，改信穆斯林的黑人占到了四分之一，这映射了那些生活在美国社会最底层、最边缘人们的绝望心态。更有甚者，“9・11”事件以后，仇恨社会性的犯罪和侵犯人权行为频繁发生，在社会上更是出现了“麦卡锡黑暗时期再次到来”的声音。

为了打击塔利班政权，美国发动了阿富汗战争。短短两个月，
132 塔利班政权被推翻。在如此背景下，美国鹰派的威尔逊主义，或者应该说是新保守主义获得了强劲动力。在国内舆论的推波助澜下，布什政府开始迅速偏向右翼保守路线。

在 2003 年 2 月召开的联合国安理会会议上，鲍威尔公开了一系列情报证据，控诉伊拉克一直在“严重违反”安理会决议。这不禁令人联想到 1962 年发生古巴导弹危机时，美国请求安理会举行紧急会议的情形。所不同的是，这次不像 1962 年时那样证据确凿，这次提供的只是用各种旁证组合起来的间接证据。当年，当肯尼迪总统试图用照片向法国总统夏尔・戴高乐证明古巴导弹危机时，戴高乐说：“不需要看照片。只要肯尼迪总统说‘有证据’，我就相信这回事。”但 40 年后，美国总统已经不再享有这样的国际信誉，在联合国未做出明确决议的情况下，美国不得不依靠“自愿联盟”组织来搜集证据。

毋庸置疑，对于美国向伊拉克开战，有关国家和组织为此曾进行过激烈的意见交锋。譬如，如果真像法德两国所主张的那样，在武器检查方面对伊拉克施加压力是有效而且必要的话，那么当时部署在波斯湾的美英联军的驻军费用就应该由联合国会员国共同承担。最重要的是，如果没有大规模杀伤性武器的话，那么伊

拉克政府就应该拿出证据以避免战争。

基于对过去战争的总结类推以及简单的善恶二元论，布什以“邪恶轴心”等词语指责伊拉克、伊朗和朝鲜支援恐怖主义并进行核试验。就像第一次世界大战时威尔逊总统所说的：“我们丝毫不 133
憎恨德国人民。我们不是德国人民的敌人，当然德国人民也不是我们的敌人。”这次布什也同样反复强调：“伊拉克人民不是我们的敌人。”杜鲁门总统曾经为了封锁苏联而提出了“杜鲁门主义”，布什同样也提出了“布什主义”，表示对支援恐怖主义和开发存储大规模杀伤性武器的国家采取先发制人的打击政策。另外，他还对杜鲁门政府时期的对日占领进行了研究探讨，将其看成伊拉克统治的模板，并将约翰·道尔所著的《拥抱战败》（*Embracing Defeat*）一书指定为白宫高官的必读教材。[22]恐怖事件发生后第二天，布什立即发表声明，向反阿拉伯裔（大部分是基督教徒）和穆斯林的仇恨犯罪行动发出警告。然而，起初正是他把伊拉克战争比喻为“十字军东征”，说出了一系列触犯阿拉伯世界的话。而杜鲁门当初也同样发起了“自由十字军”运动。

说到比尔斯，她出版发行了阿拉伯语杂志《Hi!》，企图通过建立“美国品牌”——美国的文化、生活方式和社会魅力——来捕获伊斯兰世界年轻人的心。但是，该杂志并未得到人们的好评，二十多年后便暂停出版。最终，2003 年 3 月，就在伊拉克战争爆发前夕，比尔斯因健康原因辞去了国务次卿一职。

与此同时，广播理事会为美国之音在阿拉伯世界收听率不到 2% 的状况而感到担忧，特别是在占到人口总数 60% 的未满 30 岁的人群中收听率极低。于是在 2002 年 6 月，广播理事会新开设了 134
以美国与阿拉伯流行音乐为主的萨瓦电台（Radio Sawa）。[23]同年，面向伊朗的法尔达波斯语广播电台（Radio Farda）也正式开播。

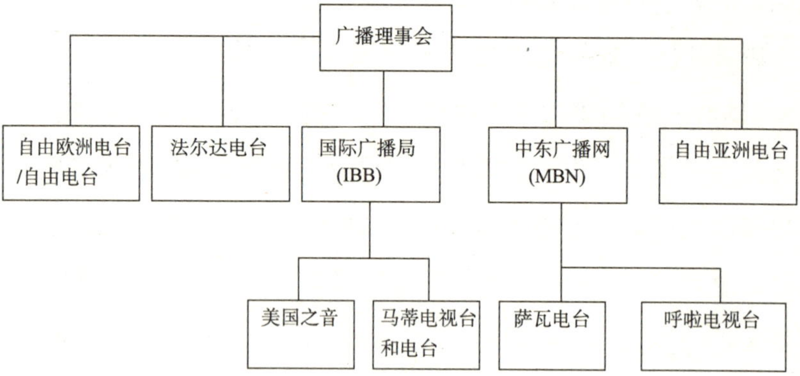

美国政府的国际广播网（资料来源:VOA）

然而，阿拉伯世界具有重大影响力的媒体是电视，尤其是1996年由卡塔尔王室出资成立的半岛电视台，一直拥有很高的收视率。恐怖事件发生之后，半岛电视台仍然播出了有关美国政府高级官员的内容，因而与其他阿拉伯电视台相比，它的反美色彩相对淡薄。广播理事会为了更加积极地宣传“美国神话”，2003年4月，在美国对伊拉克发起战争不久便设立了对阿拉伯进行卫星转播的呼啦电视台（Alhurra Television）。[24]内容包括美式风格的《清晨秀》（Morning show）、新闻、体育、音乐、娱乐和儿童节目等，但也有人担心电视台播出的一些有关性、挑衅方面的内容会引起美国保守派的不快。[25]

在国务院和广播理事会准备深入发展美国公共外交的同时，
135 拉姆斯菲尔德率领的美国国防部也在伊拉克战争中起到了绝对核心作用。拉姆斯菲尔德让好莱坞艺术总监设计了一个最先进的新闻中心，将其设在卡塔尔美军中央司令部，同时实行战地记者制度，引导新闻报道方向（但是在国防部内部，似乎有很多人批评该制度下的新闻报道歪曲了实战的全过程）。[26]

在媒体策略方面，国防部也做出了冲动莽撞的举动。2002年

2月，《纽约时报》抢先刊登了一则特快消息："9·11"事件发生后，国防部立即成立了"战略影响办公室"（OSI）；为了有利于加强反恐战略，除了"白色宣传"，战略影响办公室还策划进行"黑色宣传"。有权力进行"黑色宣传"的机构只有中央情报局，而且"OSI"这个名称令人联想到第二次世界大战时美国战略情报局，因此该办公室遭到了国内外各界的抨击。拉姆斯菲尔德随即发表声明称："由于媒体的错误报道，办公室不能正常地行使职责了"，并宣布关闭这个办公室。[27]

支持战略影响办公室的大型广告代理商伦登集团，之前就已经与国防部和中央情报局建立了密切关系——播放关于海湾战争的热议话题"伊拉克军烧油田，鸬鹚浑身沾油"的影像、安排15 136
岁的科威特少女在美国国会听证会上以催人泪下的方式请求援助等等。

说到中央情报局的主要活动，尽管有报道称它曾在阿富汗战争中策划采取心理战术（包括空军空投传单和电台广播等），在世界各地设立关押恐怖分子的秘密监狱"black site"，但事实真相至今尚未完全大白于天下。[28]中情局也曾公开声明，它们设立了帕特·罗伯茨情报学者项目（PRISP）、情报界学者计划（ICSP）等奖学金制度，以促进更多学生从事文化人类学和地缘方面的研究。对于建立该奖学金制度的是非，国内外学术界还为此展开了激烈的争论。[29]帕特·罗伯茨情报学者项目是由中央情报局前局长斯坦斯菲尔德·特纳和堪萨斯大学人类学家费利克斯·穆斯于2003年设立的（为该项目命名的帕特·罗伯茨是堪萨斯州共和党参议员、参议员情报委员会主席）。从2005年10月开始，中央情报局公开招募博士后的信息就一直刊登在美国人类学协会（AAA）的求职信息数据库中。

二十三、公共外交的再构建

比尔斯辞职后，主管公共外交事务之国务次卿一职的空缺时间长达 8 个月。2003 年 12 月，玛格丽特·塔特怀勒接受布什总统的任命，成为负责公共外交和公共事务的国务次卿。玛格丽特·塔特怀勒曾是老布什总统的沟通特别顾问、国务院新闻顾问助理和美国驻摩洛哥大使等，与比尔斯不同的是，她精
137 通政治和外交。

当时的世界对美国政府的质疑接连不断：怀疑美国发动伊拉克战争的理由——对于拥有大规模杀伤性武器情报的处理方式；怀疑美国打着“爱国主义”和“反恐战争”旗号侵害人民的公民自由（无传票窃听行为等）的行为。而且伊拉克战争使美索不达米亚文明的古代遗址遭到严重破坏，加上美国尚未加入针对战时文化遗产保护的《海牙公约》，因而受到了各界的谴责。

想要在如此逆境中传播“美国神话”，自然不是一件容易的事。“虚假可耻，真实才是最好的宣传”，“费尽心思宣传拙劣的政策，这是一个更加严重的错误”，“如果无视自己国家的自由，美国不可能捍卫世界的自由。”——美国的情况简直就是这些真理的反面。最终，美军士兵在巴格达附近的阿布格莱布监狱中虐囚的丑闻曝光后，塔特怀勒于同一周辞职，并转投金融行业，其任期只有短短的 6 个月。之后，负责公共外交与公共事务的国务次卿这一职位又经历了长达 15 个月之久的空缺期。

新一届布什政府成立 8 个月后，卡伦·休斯被任命为负责公共外交和公共事务的国务次卿。卡伦·休斯一直就是小布什的选

举顾问，深受总统信任，而且还在小布什第一届任期时担任负责交流的总统特别顾问一职。

恐怖事件发生以后，布什意识到公共外交的重要性，将公
共外交与国土安全战略同时列为“重中之重的国家战略”。 138
2003 年 1 月国土安全部建立之时，美国在白宫内同时成立了专门负责公共外交的“全球交流办公室”（OGC）。设立这种直接受命于白宫的组织在美国历史上尚属首次，其目的在于重新调整一直分散在政府各个机构的公共外交职能。[30]然而，当时的状况却是，政府不具备随意变更各部门工作内容的权力，而且白宫内外存在着各种各样的委员会和杂乱繁多的机构。2005 年 4 月，审计评估联邦政府预算项目的政府问责办公室（GAO）发表了一份报告书，其中就美国的这种现状进行了批判，并要求总统作出强有力的决策。[31]就在如此背景之下，同年 9 月休斯接受了总统任命。

无论如何，休斯只是一个国务次卿，在协调政府内部机构方面没有任何权力。于是，同年 12 月布什公开表示，公共外交的调整以及所有规划和方案的制订，都将在国务卿康多莉扎·赖斯的领导下进行，同时任命了精通阿拉伯语、深谙伊斯兰的埃及裔——总统助理迪娜·鲍威尔为助理国务卿（即休斯副手）。

在“变革外交”这一理念下，赖斯一方面重新调配外交职位，增派驻中国、印度以及中东地区国家的外交官，一方面提出要加强对精通“重点语言”外交官的培养。“重点语言”特指布什在 2006 年 1 月公布的“国家安全语言计划”（NSLI）中涉及的外语，包括阿拉伯语、汉语、俄语、日语和韩语五种语言，以及包
含印地语在内的印度语言和波斯语在内的伊朗语言。之前，美国 139
国际开发署虽然听命于国务院，但在对外援助方面有自己的独立

体系。由于对外援助也是一项重要的公共外交手段，因此作为“变革外交”的一部分，美国政府也将国际开发署正式列入国务院的管辖范围。

截止2007年，广播理事会广播的语言种类已达到60种，每周有1.55亿观众观看它们的节目。[32]值得一提的是，英国广播公司用43种语言向全世界进行广播，每周有1.5亿听众。[33]

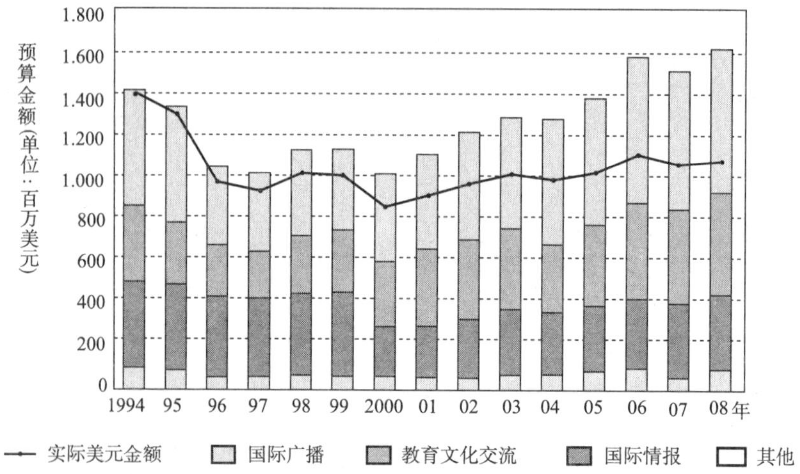

资料来源：美国行政预算管理局宣传数据

美国的公共外交相关政府财政开支（1994—2008年）

国务院的公共外交预算在恐怖袭击事件后急速增加。2000年度用于公共外交的预算约为5亿美元（合570亿日元），到2006年该数值的增长超过了50%，达到约8亿美元（合910亿日元）。与此同时，有关公共外交的职位从1999年的190个增加到2006年的260个，公共外交专业的外交官人数也达到约700人。特别是在2006年，美国还通过了单独向广播理事会投入约5.6亿美元（合740亿美元）的预算方案。[34]但与该年度5000亿美元的国防预算相比，即便是国务院和广播理事会的预算总额，也只占该预算额的三百四十分之一（0.3%）；与国土安全部预算（约320亿美元）相比，也只占二十二分之一（4.5%）。

伊拉克战争之后，世界各国对美国的好感程度持续下降。[35]譬如，从2000年至2006年，印度尼西亚对美国的好感程度从75%急剧降到30%，土耳其从52%降至12%。[36]一些商界人士考虑到 140
高涨的反美情绪会导致“美国品牌”市场竞争力的降低，甚至在2004年成立了名为“商务外交活动”（BDA）的非营利机构。

政府问责办公室在2007年公布的报告书中指出，虽然可以看到政府所做的努力，但仍然存在不足之处，诸如政府内部调整不彻底、与民间的合作不深入、核心信息与工作目标不明确、缺乏有良好语言表达能力和擅长设定业绩指标的员工等。[37]

除了政府问责办公室，还有许多机构就公共外交展开了讨论和建议。国务院的公共外交咨询委员会，加上一些非营利机构，包括以外交问题评议会为代表的智囊团、美国新闻署退休者协会（USIAAA）、美国外交服务协会（AFSA）以及外交政策协会 141
（FPA）等，同时还有一些大学，都对美国应有的公共外交形式进行了探讨。有趣的是，探讨结果几乎都与政府问责办公室的见解保持一致，但是最终的结论却在于认识并强调“相互理解”和“对话”的重要性。这也许意味着，富布莱特和默罗提出的理念将再次引导美国的公共外交。

根据美国国会预算局公布的数据显示，2001—2007年度经国会批准的“反恐战争”经费支出总额达到5610亿美元（合64兆日元），2008年该经费继续得到追加，实际总额达到7574亿美元（合86兆日元）。[38]随着战争经费不断增加，美国外交政策不得不走向国际合作的道路。那么，此时的美国将如何开展公共外交？不断扩大的战争费用是否会波及并侵蚀其公共外交而重演越南战争时期的惨剧？

2007年1月，国务次卿休斯辞职。

美国中央情报局在世界各地设立的秘密监狱曝光、美国黑水公司保安射杀伊拉克平民事件的发生和持续动荡的伊拉克局势等等，都加深了“美国神话”的黑暗色彩。即便在恐怖事件之后，美国先后任用了三位深受总统信任的专家——品牌战略专家、政治与外交专家和总统的亲信中的亲信——负责公共外交与公共事
142 务，然而阿拉伯世界对于美国的好感程度依旧未出现回暖的趋势。

上一次冷战，反共战事花了近半个世纪才得以结束，这次的“反恐战争”又将持续到什么时候呢？我们很难预计“恐怖主义”真正结束的那一天，相反，它甚至有可能继续向四处延伸和发展。“反恐战争”（War on Terror）这一说法经常被拿来与“严厉打击犯罪”（Tough on Crime）互换使用，使之成为美国社会中不可变更的信条。而这种现状也似乎意味着，美国已经走上了永久的战争之路。

二十四、反美主义的派系

恐怖事件发生以后，布什总统反复强调“恐怖主义的存在是因为少数人反对自由和民主。如果人们能够正确认识并理解美国的价值观，绝大多数人将会喜欢上这个国家”，丝毫没有自我反省的意思。

回顾历史不难发现，美国引发世界不满的事件并不在少数。

18世纪建国之初，美国就向世界大肆宣扬“新世界太粗暴、太

野蛮，以至于人们无法生活”。对于美国，英国作家塞缪尔·约翰
逊曾说：“我热爱所有的人类——除了美国人以外。”19 世纪中叶 143
英国历史学家托马斯·卡莱尔甚至一针见血地说：“（美国）是我见过的最糟糕的国家。”

南北战争以后，美国加快了国家统一的进程，以新兴工业国家的身份活跃于20 世纪的世界舞台。美国逐渐意识到，自己不能“笑笑就完事”，而要成为一个有影响力的国家。然而，此次美国的“成功”却开始成为各国怀疑的对象——“只为迎合大众的民主主义”、“粗俗的大众文化”、“贪婪无止境的工业化”——世界担心美国的崛起会扰乱欧洲秩序，便开始出言恐吓并侮辱。第一次世界大战的指挥官、法国总理乔治·克列孟梭曾一语中的：“在世界史上，美国是唯一跳过文明期，从原始状态直接进入颓废社会的国家，真是一个奇迹。”

二战后，美国迅速崛起，与苏联一并成为“世界两大国”，并在冷战后成为“唯一超级大国”。但与此同时，世界各地对美国的抵触情绪也在不断升温。[39]

关于反美主义的成因，人们进行了各种各样的分析，最终得出结论认为，可以从构造和政策两个方面探本溯源，即“美国是什么”和“美国做什么”。

构造性因素包括：美国在政治、经济、军事和文化领域拥有其他国家没有的实力；美国是世俗化、现代化、西方化、全球化和市场化的象征等（在世俗化和现代化领域，受基督教原教旨主
义影响，人们反而在废除死刑或个人拥有枪支制度方面对美国固 144
有的消极保守心态表现出不满）。这些因素一方面诱使世界开始憧憬并效仿美国，另一方面也招来各国的嫉妒和厌恶。在左派眼里，美国是资本家剥削劳动人民和霸权主义的象征；对右派而言，美

国的多民族和平等主义是堕落的体现。除此之外，反美情绪还来自对美国知识分子和上流社会贪婪禀性的厌恶。[40]

然而，哈佛大学国际政治学者斯坦利·霍夫曼却指出，反美主义的形成也与许多政策性因素有关："日益高涨的反美主义，不仅来自对这个唯一超级大国的反感和对左右派默认的美国价值观的嫉妒与憎恶，很大程度上，还起因于美国的双重标准和前后矛盾，无感于自己的无知与傲慢、错误的假设和令人怀疑的政策。"[41]

霍夫曼还说："美国在许多地区都表明过自己的理想，但有一些未能实现。包括危地马拉、巴拿马、萨尔瓦多、智利、1965 年的圣多明各、军政府时期的希腊、巴基斯坦、马科斯时代的菲律宾、1965 年之后的印度尼西亚、君主制时期的伊朗、沙特阿拉伯、扎伊尔共和国，当然还有南越南共和国。美国支持这些国家实行的制度，令反对者颇为震惊。而且，当美国为了追求新的利益而抛弃之前的盟国时，就连美国所支持的国家都对美国感到失望甚至抱有怨言。由于在这个被广泛宣传的自由原则的背后，实际上是政治家玩弄权术的阴谋，导致一些潜在的朋友和许多合作者离我们远去，渐渐地，一些反美主义思潮便由此诞生了。"[42]

145 以前，"美国例外主义"是美国不干预和不介入欧洲各国事务的理论基础，同时也是促使美国施行福音主义、人道主义和国际主义行为的动力。然而，当美国极力追求自身狭隘的国家利益时，该思想则被贬为穿着"正义"与"普遍性"外衣的伪善和自负，之前的说服力和魅力也因此而消失得无影无踪。"9·11"恐怖袭击事件的惨状我们无需赘言，然而 28 年前（1973 年）的 9 月 11 日，恰巧也发生了一场军事政变（在美国的支持下，智利总统萨尔瓦多·阿连德社会主义政府被智利军队推翻，阿连德中弹身亡）。联想至此，原本悲惨的恐怖事件似乎又因为美国这种“双重标准”而变得更加沉重。

然而，反美主义者逐渐忘却的“美国神话”却依然大量存在——无论是有意地还是无意地。“伊斯兰原教旨主义者忘不了第一次世界大战后英国对阿拉伯国家实行的委任统治，忘不了1918年之后英法帝国主义的侵略行径，却忘记了1940年代后期，美国对法属北非殖民地民族主义运动给予的援助。原教旨主义者不会忘记斯雷布雷尼察大屠杀之前美英两国对波斯尼亚国家事务的冷淡，却不记得1995年为了援救波斯尼亚伊斯兰教徒、1999年为了帮助科索沃阿尔巴尼亚族获得独立、2001年为了使马其顿政府重视并保障阿尔巴尼亚人的权益，北约组织所采取的一系列行动。”[43]

政策性因素增强了关于美国负面评论的说服力和影响力，而使这些功绩被深藏起来（或者说是人们拒绝想起），也使 146
“美国神话”逐渐褪去其色彩。当实际（行动）被认为已经与理想（口号）背离时，这种口号就成为一种宣传或者教化。

美国权威杂志《外交政策》的主编莫伊塞斯·纳伊姆，将目前正向全世界蔓延的反美主义区别于伊斯兰极端分子，称其为“轻反美主义”（lite Anti-Americanism），并说道：“对于那些不赞成美国特定政策的人来说，深信（这些做法）是美国的恶意、诡计、阴谋，并将之四处宣扬为极其简单的事情。这真是不幸啊。”[44]

的确，那些不能跟上现代化和全球化脚步的社会，为了表达民族主义和地方民族主义、隐藏社会内部的矛盾与不公，有时会打出反美的旗号。[45]“反美”有时候是出于社会政治目的而随意捏造出来的东西。[46]对此，美国也许不能靠高喊“自由”或“民主主义”（即“美国神话”）的口号解决问题了。

对于一些国家提出的亲美政策，就算得到亲美政治领导者的支持，但如果社会舆论与国会站在反美的立场上，该政策也难以通过。这的确是美国的不幸。同时，正如纳伊姆所说，这也可能成为国际社会的不幸：“美国的积极干预未必就是解决国际问题的
147 最佳之策，但也不要忘记，通常情况下美国干预是唯一之策。”[47]

二十五、“远东的英国”

伊拉克战争爆发时，日本国内经常可以听到“远东的英国”这一比喻说法。“远东的英国”，原指2000年10月所发表的《阿米蒂奇报告》中提出的“美英两国的特殊关系是日美关系的样本”思想，而此次，它却用以比喻日本在美伊战争问题上效仿英国托尼·布莱尔政府而与美国合作的态度。

大约半个世纪以前，英国首相哈罗德·麦克米伦在论及对美关系时，喜欢运用“罗马帝国的希腊人”这样一个比喻。美国仿佛一个新的罗马帝国，而英国就如同古代希腊人一般，对美国循循善诱，显示出英国的睿智与影响力。在布莱尔宣布向伊拉克开战时，他也引用过这一比喻。

之前布莱尔是有名的“亲欧派”，然而，这次即使遭到执政党的反对，甚至被讽刺为“美国的哈巴狗”，他仍然决定追随美国参与伊拉克战争。因为骄傲自豪的“希腊人”有责任将布什政府引上国际合作之路，充当防止大西洋联盟解体的调停者。

新一任首相戈登·布朗为了与欧洲大陆国家抗衡，一直与美 148
国保持良好的关系。但与此同时，英国也拉开了与美国的距离，以融入欧洲的方式牵制美国。“欧洲大陆”的存在，使英国在对美外交上多了一份选择与从容。

在这一点上，日本与英国的情况大不相同。日本与“东亚”的关系不同于英国与欧洲大陆的关系，而且美国的一举一动无时无刻不影响着日本。“打击日本，排除日本，无视日本；知美，亲美，好美，崇美，反美，嫌美，排美，悔美，怜美，饱美，厌美，倦美，恐美，怯美，脱美，离美，从美，追美”，这些巧妙的造词无一不映射出“美国宿命”下日本对于美国摇摆不定的情感。最近，对于美国减少政府中的日本专家一事，日本社会也表现出一片担忧。这些现象在英国都是不可能发生的。

而从美国的角度来看，它既不是只与英国构建了“特殊关系”，也不是只与日本缔结了“世界最重要两国关系”。美国的同盟网是撒向全世界的，截至目前，其同盟国数量达到56个，并在三十多个国家建有军事基地。[48]虽说盟国之间应该追求“平等伙伴关系”，但由于伙伴对象是美国这样的超级大国，因此出现权力上的不平等也是常有之事。

美对伊开战后，日本通过了“有事法制”相关三法案（2003年6月），随后又通过《伊拉克复兴支援特别措施法》（同年7月）并延长了《反恐特别措施法》（同年10月），而且还就行使
集体自卫权和修改宪法问题展开了正式讨论。因为日本考虑到， 149
面对现实的朝鲜问题和中国的崛起，只有日美同盟才是日本真正的战略财富，于是想借助美国的力量制衡两国。或者说，如果日本在日美合作方面有所迟疑的话，将来遇到问题时可能会被美国抛弃。但是另一方面，日本又担心自己会被卷入美国的全球战略

(特别是军事战略)，担心日美同盟会成为一种阻碍本国自主与独立的政治责任。总而言之，对于日美同盟关系，不仅在保守派和革新派，而且在各派内都出现了两极分化的观点。特别是在保守派中这种倾向更加明显，2003年日本文艺春秋社编纂的年鉴《日本的论点》就反映了“反美保守”和“亲美保守”之间的对立。

据2007年日本内阁府公布的“外交舆论调查”结果显示，75.6%的人对美国感到亲切，明显高于对其他国家的比例（譬如，俄罗斯14.7%、中国34.0%、韩国54.8%、东南亚国家44.1%、西南亚国家26.4%、澳大利亚和新西兰61.9%）。自1978年开始实施该调查以来，对美国抱有亲切感的日本人一直保持在70%左右，即使稍微低于70%，也只是在1981和1986两年，而且伊拉克战争后该数值也未发生过大的变化。

除此之外，对于与美国的关系，76.3%的人回答“关系良好”(其他国家的情况是俄罗斯21.5%、中国26.4%、韩国49.9%、
150 东南亚国家51.2%、西南亚国家38.5%、澳大利亚和新西兰67.7%)。[49]

美国舆论调查机构皮尤研究中心在2007年春对47个国家进行了“对美国好感程度”调查，结果显示61%的日本民众喜欢美国，高于英国、德国、法国、俄罗斯和中国的比例（分别为51%、30%、39%、41%和34%)，顺带提及一下，美国的自我好感程度为80%。[50]

首相小泉纯一郎在任的五年半时间里（2001年4月至2006年9月)，日美两国首脑间的“蜜月期”和“日美关系黄金时代”给人们留下了深刻的印象。然而，据日本《读卖新闻》和美国盖洛普公司2007年秋联合进行的舆论调查显示，美国对日本“信赖”的比例为60.8%，但日本对于美国“信赖”的比例仅

为33.8%，“不信赖”比例为53.8%（从2003年伊拉克战争开始，日本民众对美“不信赖”的比例一直超过“信赖”）。[51]对于日美关系，认为“良好”的受访者，美国为46.1%，日本为39.4%。[52]

可见，虽然日本民众对美国抱有亲切感，但对其不够信任；虽然较其他国家与美国关系更为密切，但仅从两国关系而言，日美之间又没有想象的那么密切。也就是说，日本比其他国家更加亲美的事实背后，实际上存在着一种出于“美国无可取代”的矛盾心理。

二十六、美伊开战后的对日公共外交 151

第二次世界大战结束以来，美国一直将对日外交视为其公共外交的重要组成部分。2003年度美国对日公共外交预算约为890万美元，远远超过对德国（约720万美元）、印度（约440万美元）、法国（约350万美元）、中国（约180万美元）和英国（2002年约150万）等其他国家的预算额。[53]

截至2005年，在美国驻日大使馆及五个领事馆（札幌、名古屋、大阪和神户、福冈、那霸）工作的821名员工中，日本员工占到了600人。他们在大使馆的业务运营中起到了承前启后的作用，得到华盛顿的高度评价。[54]值得注意的是，在221名美国工作
人员中，有151位国务院的外交官，其中在负责公共外交的宣传 152
与文化交流部工作的外交官有18人。日本员工中有86人在这个部门工作，其余的与美国员工一起，分布在领事部、政治部、经济部和管理部等。美国大使馆宣传与文化交流部中设有文化宣传

室、新闻室、信息资源室和美国中心几个部门。[55]但由于“美国中心”在世界各地的叫法有所差异（如美国村、美国文化中心、林肯中心、罗莎·帕克斯图书馆或托马斯·杰斐逊图书馆等），因此无法确定其具体数字，但在世界182个大使馆和领事馆中都分别设有信息资源室。

美伊开战后，国务院提出对日外交在四个领域的目标（任务绩效计划，MPP），即反恐对策、大规模杀伤性武器、区域安全和经济繁荣。不仅如此，美国还规划了各个领域的具体计划，例如，“反恐对策”要求确保货物船舶的安全，防止资金流向恐怖组织；“经济繁荣”目标包括改革金融制度和放宽贸易规定。2002年以前，国务院提出的目标涵盖了二十多个领域，甚至包括“相互理解（美国社会、美国研究和艺术等）”，但通过筛选与合并，国务院认为不应该直接把“相互理解”设定为目标，而应该作为实现其他目标的一种途径。[56]

宣传与文化交流部的工作内容基本还与以前一样，譬如“快速传播媒介”，负责对华盛顿政策的报道进行编辑、翻译和传播，
153 发行日语电子季刊《美国视角》（*American View*），发布记者招待会的相关消息，提供参考文献图书馆服务等等。除了快速传播媒介和国际访问者领袖计划等慢速传播媒介，还开设了一些比较折中的、有关重要话题和针对特定人群的项目（诸如报告会、研习会和研讨会等）。2005年度，仅东京美国中心就举办了约130个活动，共吸引5000多人参加。其中，大多数节目主要是针对日本的专家、意见领袖和年轻的后备领导（即议程制定者和监督管理人员）开设的。但是，宣传与文化交流部却没有开设像英国文化协会、德国歌德学院或法语联盟那样的语言教育项目。

关于美国公共外交的运营机制和技巧以及华盛顿发布的信

息等，宣传与文化交流部面向世界各国的报道都大同小异，但由于美国对于各国的任务绩效计划不同，因而在取材重点上存在一些差异。但在日本国内，所有节目的重点都是统一的。在中央机关和媒体集中的大使馆，节目的取材范围广泛而全面，154
但在地方领事馆中，取材重点只是偏向经济和贸易等当地比较感兴趣的话题。例如，冷战时期，苏联问题是札幌领事馆的重点取材方向；如今，那霸领事馆对安全话题播报较多。另外，在其他领事馆所管辖的城市，还举办了一些与当地重点话题有关的活动。

2001年6月，美国参议院多数党领袖霍华德·贝克宣誓就任美国驻日本大使。布什在就职仪式上说："我们将最好的人派往日本，因为我清楚，日本是美国在这个世界上最重要的合作伙伴。"总统一边环视着美国历届驻日大使，一边煽动着现场情绪："日本媒体称这些大使们为'了不起的人物'！"这些"了不起"的大使们，经常在回答记者提问时从容不迫，他们以及他们的夫人都为美国的公共外交做出了巨大贡献。

然而，在对日外交方面，美国却是困难重重。

在日本这个媒体高度发达的国家，居住着许多美国特派员和专家。这不仅使美国政府的意见很难准确无误地传递给社会，而且容易让一些耸人听闻的消息满天飞。加上美国军事基地的存在，以及基地周边频发的纠纷，这些都很容易使日本的对美情感发生逆转。

与此同时，经营成本过高也是一个不容忽视的问题。人事费用和日语培训费用占到预算总额的三分之二（剩余的三分之一作为活动经费预算，其中四分之三用于东京的大使馆方面）。特别是在伊拉克战争之后，预算一直处于紧缩状态。之前美国

中心与领事馆的大楼都是各自独立的，现在除了东京和福冈，其他地区的美国中心都改设在领事馆大楼内，这使得包括东京
155 和福冈在内的美国中心，都有一种被忽视的感觉（东京美国中心于2007年1月搬至大使馆附近的NOF溜池大楼）。不过，与不少国家（以发达国家为主）的美国中心将被关闭的窘境相比，美国在日本一个国家就设立了6处美国中心，这的确反映出日本受重视的程度。

在前文提到的890万美元对日公共外交预算（2003年度）中，不包括由华盛顿直接负责的国际访问者领袖计划等费用。另外，（从广义上说）负责部分美国公共外交事务的日美友好基金和日美教育委员会的预算也不包含在内。日美友好基金于2006年度投入约170万美元用于文化教育交流项目，日美教育委员会该年度的预算约为200万美元（日本方面另外负担了约320万美元）。[57]

不仅日本方面如此，自美国新闻署并入国务院后，有人说美国逐渐将工作重心从文化教育等“软实力”转向了与政策有关的“硬实力”。也有人说，愈来愈多的能够代表美国立场的讲师被派往世界各地。特别是最近，有报道表明美国正有意避免派遣那些反对伊拉克战争的讲师。[58]

恐怖事件发生以后，美国政府机构加强了安全措施。譬如，参考资料室来访人员要事先预约，提交带有照片的身份证明并接受行李检查，离开时要有大使馆工作人员的陪同。也许这样能让
156 来访人员切身感受到“自由之美国”所经历的黑暗吧。同样，赴美签证的通过率也不容乐观。

近年来，日美关系时好时坏，经常受到诸如美国与日本周边国家及地区（中国、俄罗斯、朝鲜、韩国、印度和中国台湾地区

等）关系等外界因素的影响。加之日本国内自身存在的一系列问题，诸如社会老龄化问题、世代交替、贫富差距逐步扩大、政治右倾化以及信息泛滥等，历来勇于创新的美国在对日外交方面又会做出怎样的改变呢？

2006年6月布什总统与小泉首相会谈并发表了《新世纪日美同盟》联合宣言，抛出了日美“共同价值观”的核心概念，概念涵盖自由、民主主义、市场经济、法律法规、人类尊严及人权等方面，并阐明“共同价值观”与两国共同行动是维持国际秩序有序发展的重要保证。然而，在宣扬更高层次的“共同价值观”的普适性的时候，不能仅仅停留在“日美同盟”的字面意义上，而应该在两国深思熟虑和深入讨论的基础上向全球范围推广。美国总统亚伯拉罕·林肯曾经说过：“我们都主张追求自由，但是这个自由却蕴含着不同的意思。”过于急切地追求“价值观”和“普适性”很可能会导致最终的结果南辕北辙，有悖于“和平”与“安定”的目标，事实上，一些历史教训也证明了这一点。因此，日本要谨防“共同价值观”这个远大而崇高的“目标”在两国频繁而紧迫的战略讨论中变成美国扩张的工具与手段。

第五章　公共外交与软实力 157

二十七、税收的规律

公共外交并不是一个新概念，而且它与人们经常提到的另一些概念——宣传（信息、普通宣传）活动、文化（教育、文化交流）活动、心理作战（心理战、心理策略）和思想战等——有许多共同之处。根据对“公共”一词的不同理解，公共外交还可以解读为公民外交、舆论外交、民间外交以及公开外交等概念，而根据这些概念，“公共外交”又可以呈现出迥然各异的形态。1965 年，美国塔夫茨大学教授埃德蒙德·古里恩首次公开使用“公共外交”时指出：“当政府向其他国家宣传本国政策的时候，首先要换位理解外国公众提出的意见、关心的事情以及文化背景，再将其反馈给美国政策的制定者并给出相关的建议，使之在政策中有所体现，并将最终制定出的政策向外国进行说明，使其发挥作用。”此后，也有许多人对于不同情境下的“公共外交”给出了各种不同的定义，各自所重视的资源、对象、技巧和情况等也
千差万别。然而，有一点可以说是共通的，那就是公共外交不同 158
于传统的政府间外交，也不同于民间交流性质的民间外交，它是

通过政府影响外国公众和民间组织，从而达到特定政治目标的一种活动。

纵观美国的建国史，不难发现，美国是一个地方分权的国家，中央集权的联邦政府的权力有限。由于中央政府对于信息文化的管理极力排斥，致使美国在设立类似于欧洲中央集权国家的文化部或对外文化机构方面持消极态度。特别是1980年代以后，美国主张“小政府”，使得国家对于政府利用税收开展工作的监督愈来愈严格。历时半个世纪的冷战结束后不久，美国新闻署的解体应该就是最好的例证。反法西斯战争胜利之后，美国公共外交的存在价值日趋模糊，但是2001年的“9·11”恐怖袭击事件发生后，美国的公共外交发现了必须与之斗争的新问题，那就是恐怖主义和反美主义。但是，人们对于政府利用税收开展工作的怀疑和批判，仍然在根本上阻碍了美国围绕公共外交这一话题展开讨论。

这种怀疑和批判，部分源自对政府干预行为以及政府本身的合理性和工作效率的质疑。有人认为，除了美国政府，所有机构都在积极地开展对外工作，因此对政府干预的意义抱有怀疑。的确，美国有许多闻名世界的媒体、大学、智库、企业、基金会、艺术团体、运动团队、民间社会组织（CSO）和宗教团体等等。
159 仅从企业的广告花费来看，截止2004年，通用汽车公司约为34亿美元，沃尔特·迪斯尼电影公司为24亿美元，麦当劳公司为14亿美元，这些数字都轻而易举地超过了2006年度国务院8亿美元的公共外交预算。[1]仅花费在米老鼠这一形象上的宣传费用就超过了美国政府的公共外交预算总额。

然而，大部分机构的对外工作都直接或间接地受到市场因素的影响，因此难以持续进行。参与市场的机构包括图书馆、高雅艺术和人文交流等非营利组织，同时也存在一些难以适应市场规律的领域。而这些通过市场进行的活动，也很容易招来“文化侵略主义”或“文化帝国主义”的批判声。

不仅如此，文化本身就是一个复杂的领域。根据 2002 年对世界 12 个国家的青少年进行的调查，绝大多数受访者认为“美国青少年暴力、犯罪及性堕落现象严重”，这反映出美国大众媒体，特别是好莱坞给青少年带来巨大影响的现实。[2] 1970 年代，伊朗赴美留学生有 5 万多人。在这些自由人士的带领下，伊朗国内在“脱伊斯兰化”和世俗主义现代化道路上逐步前进，保守的反动势力也愈发猖獗，致使 1979 年“伊朗占领美国大使馆”事件的发生。对那些希望保持原有价值观，反对改变国家体制的人来说，人文交流和文化交流属于非常敏感的话题。对发展中国家而言，人才外流是一个严重的问题。

弥补那些难以适应市场规律的领域、群体和信息的缺陷，缓解因为人员、物资、资金和信息的流动引发的紧张局势——当然， 160
这些并不是只有政府才能解决的问题，也并非希望仅靠政府之力来解决这些问题，与此相反，政府要以一种广泛开展公益活动的方式参与到问题解决中来。

政府使用税金的问题同时也引发了美国对于“国家利益”问题的讨论。人们认为，既然政府要使用自己的血汗钱，就不能将其用于有违国家利益的事情。不违背“国家利益”，就是要拒绝“利益近视”，跳出眼前，注重长远利益。

一直以来，美国有关文化和信息方面的决策经常会受到检查与筛选，看其是否违背“国家利益”，譬如 1954 年由美国新闻署和国务院资助的格什温歌剧《波吉与贝丝》的海外公演，里根政府时期美国新闻署公布的外国派遣讲师黑名单等。由于涉及到美国南部贫民窟的种族歧视、违禁药品、强奸以及贫困等问题，《波吉与贝丝》被视为违反“国家利益”的作品，记者沃尔特·克朗凯特和女作家贝蒂·弗里丹被列入黑名单，成为违背“国家利益”的反面人物。然而，结果却是，《波吉与贝丝》的公演提升了美国作为一个“开放社会”在世界眼中的形象。同时，“黑名单”事件也暴露出美国这个自诩为“自由社会的领导者”的双重标准。追求狭隘的国家利益，最终很可能会损害国家利益。有些事情看起来似乎打着“爱国”的旗号，但往往爱国与卖国只有一线之隔。这个悖论亘古未变。

关于这一点，美国文学泰斗丹尼尔·艾伦（哈佛大学名誉教
161 授）曾经说过一段意味深长的话。1950 年代至 1960 年代，他与作曲家阿隆·柯普兰、作家厄斯金·考德威尔一起，以海外派遣讲师的身份访问了奥地利、芬兰、波兰、英国、乌拉圭、日本和中国等众多国家。1966 年艾伦在乌拉圭共和国大学教授美国文学时，美国新闻署原本期望能通过他的教学提高乌拉圭学生对于美国研究的热情，可他却将大部分课堂时间用在了批判越南战争上。尽管一些美国新闻署的员工对他的所作所为感到失望，认为他简直就是“隐形的马克思主义者”，但美国并未对他进行任何方式的审查。在与当地广播电视局负责马克思主义期刊的编辑讨论时，艾伦甚至承认自己是一个“文化帝国主义者”（cultural imperialist）。但他所说的“文化帝国主义者”是指“竭尽全力解释说明自己国家的价值观和文化的人”。“我访问各国的目的不是为了‘推销’美国，而是要向世界‘解释’美国……不是为了辩解美国所犯的错误，而是从一个更宽泛的角度给予它正确的评价。”“每当人们没有任何根据地赞赏美国，吹嘘美国虚无的进步时，我就会说出事实真相。无论在哪里，我都会直率地说出自己的见解，

因为我相信只有这样做才是正确的。”[3]

在当今这个信息和网络的社会，排除那些对本国政策持批评态度的话题、意见和参与者只会适得其反。人们对于国家的根本信任，是通过言论自由和国家民主进程培养出来的。如今的国家利益，是在综合考虑公民社会、区域联盟乃至国际社会的公共利益的基础上形成的。这也再次表明，“利益近视”般地理解国家利 162
益很可能会导致国家利益受损。

虽说如此，美国还是发生了一件让人捉摸不透的事情。“9·11”恐怖袭击事件发生后不久，美国之音记者单独会见并采访了阿富汗武装派别塔利班的最高领导人穆罕默德·奥马尔。但就在该视频即将播出之际，国务院突然发出了不满之声：“VOA是‘美国之音’，而不是‘塔利班之音’！”虽然该视频加入了布什总统和阿富汗专家的声音而最终得以播出，但事情的原委经过却丝毫没被提及，这不禁让人怀疑美国之音作为新闻媒体的可靠性。

的确，伊斯兰极端分子口中宣传的美国形象是极其片面的。一些充满恶意的政治势力过于极端地评价美国，对此，可以说唯有向世界喊出只符合自身利益的“美国之音”才是符合“国家利益”的做法。然而，这样的话就相当于美国变得和阿拉伯媒体一样，只进行片面的报道。尽管彻底澄清伊斯兰极端分子谣言的行动迫在眉睫，然而，无论如何，行动必须在媒体报道的基本规范下进行，因为这样才能让全世界意识到伊斯兰极端分子的宣传是“胡编乱造”。

宣传包括白色宣传、灰色宣传和黑色宣传。白色宣传是指公开表明信息来源的宣传；黑色宣传是指隐藏真实信息来源的宣传，如散布秘密情报和虚假信息等；灰色宣传则介于二者之

间，即不说明信息来源的宣传。但事实上，人们往往判断不出
163 信息的真伪，分不清宣传的黑白。美国是“自由民主的国家”吗？伊斯兰极端分子可以看做“伊斯兰教徒”吗？“极端分子”和“恐怖分子”是站在哪种立场上的称呼？“现实”是多种多样、错综复杂的，是根据特别意图取舍选择的结果。因此，归根结底，如何将其他人甚至其他国家拉入到自己的这种“现实”中来是问题的关键所在。宣传原本就是这种说服技巧的中立表现。如此看来，公共外交可以说就是一种宣传，而宣传是一种涉及人际交往本质的活动。用带有权谋意味的说法表达的话，将敌对国家的宣传栽赃为“胡编乱造”就是公共外交的本质。古巴导弹危机时，法国总统戴高乐曾说：“不需要看照片。只要肯尼迪总统说‘有证据’，我就相信这回事。”事实上，这里“胡编乱造”所指的对象就是苏联。

近年来，通过打造本国品牌来提高自身魅力和信誉度的国家似乎愈来愈多。美国国际关系理论专家彼得·凡·海姆大力提倡这种构建“品牌国家”的做法，并列举出了几种导致该倾向的背景原因：(1) 理想与现实模糊不清的后现代主义时代特征；(2) 鼓励商业多样化的新自由主义意识形态；(3) 迫使国家进行自我再定义的全球化进程。[4]

正如上述所言，这种打造“品牌国家”的方法也被用于美国
164 公共外交领域。作为1970年代对日外交的一部分，为了给人留下“富于进取精神”的印象，美国甚至在日本美国中心的室内装潢方面都下足了功夫。“9·11”恐怖事件发生以后，国务次卿比尔斯为了提升美国形象，广泛开展了一系列活动。但是，仅靠打造美国品牌来掩盖越南战争和伊拉克战争带来的沉痛现实，这种手段未必完全可行。强行扭转本国形象的做法，非但不能博取他国的

好感，反而会被扣上“吹嘘”的帽子而成为大家抨击的对象。事实上，在他人面前一味地吹嘘自己，与他人极端地评价自己，二者性质大同小异。

政府问责办公室在2006年5月公布的报告书中，对投入巨额预算的比尔斯“美国品牌战略”计划全部失败一事提出严厉批评，同时指出记者、政治家、教师、学生间国际交流和外语学习的重要性。也就是说，当务之急是通过增强与他国之间的对话和交流来消除相互的误解与偏见，而不是单方面地向世界传递自己的信息。根本的问题在于美国要有这样的意识和反省——歪曲的理解只会催生出畸形的外交政策，绝不能仅仅依靠扩大信息量和运用宣传战术来解决外交问题。[5]

美国新闻署资深外交官汉斯·塔奇曾劝诫：“不应该将公共外交当作解决外交问题的魔法石。”[6]无论是宣传不受欢迎的政策，还是政策本身不受欢迎，若将事情的原因都归结到缺乏公共外交上，是非常不现实并且不合理的。另一位同样在美国新闻署工作多年，并曾担任美国富布莱特协会主席的理查德·阿恩特，将军事力量与公共外交分别比作“国王最后的武器”（the last resort of kings） 165
和“国王最初的武器”（the first resort of kings）。制定一项政策，要通过交流项目、研讨会、研习会、重点集体面谈和舆论调查等各式各样的方式获取他人的想法，并将其体现在政策的制定、决定、实施和评价过程当中，这样制定出的政策才会受到欢迎，也才会具有说服力。与此相关，如果由于误解和偏见而敌视他人的话，最终他人就会变成自己真的敌人。[7]

近年来，各国开始愈来愈重视公共外交，有些国家也倾向于以一种崭新的外交模式取代历来的传统外交，但这种做法未免过于理想化。毋庸置疑，公共外交的重要性在日益增加，然而，若因此而否定传统外交，甚至与之背道而驰的话，这就无异于否定、轻视公共外交，是极其幼稚而不现实的。公共外交是对传统外交基本框架的一种调整，是为国家政策带来独特魅力和说服力的魔法石。我们不能将它与传统外交的关系视为替代或对立的关系。

二十八、公共外交的课题

美国公共外交的课题之一，就是如何应对以互联网为特征的
166 信息化社会和网络化组织。现如今，收集国际信息变得愈来愈容易，来自媒体和非政府组织的监督所涉及的范围愈来愈广。在此背景下，公共外交工作也愈发重要，然而实施起来却更加困难。美国国务院国际信息局承担着国家的宣传工作，其主页（http://america. gov）每周都有数百万的点击量。据说其中不少来自于美国国内。

1948 年制定的《史密斯·蒙特法案》规定，禁止将面向海外的信息活动用于本国国民。根据该法，美国政府官网（http://www. usa. gov/）和国务院官网（http://www. state. gov/）不得在网页上公开国际信息局的官网连接（反过来是可以的）。不仅如此，还禁止美国政府工作人员向美国民众透露该官网的地址。然而，事实上，在美国国内，人们完全能够浏览该网站，也可以通过各个广播电台的官网收听“美国广播理事会”经营的国际广播。约 60 年前制定的这部法律至今依然适用，原因之一在于中央政府对于信息和文化管理毫不松懈的警戒心态。1996 年，由社会运动家拉鲁夫·内德设立的非政府组织——“基本信息”组织要求美国新闻署公开信息，遭到后者的拒绝，于是以后者违反《信息自

由法》（FOIA）为由将其告上法庭。但是，联邦地方法院最终依据《史密斯·蒙特法案》撤销了该上诉案。

美国新闻署之所以解体，原因之一就是在美国国内没有一个支撑它的基础。不少人认为，由于《史密斯·蒙特法案》的制约 167
导致了国民对于公共外交的认知度愈来愈低。此外，也有人质疑，为什么在国内被禁止的事情放之海外就可以。国际化的大浪摇动着“国内”与“国外”之间的界线，而美国的公共外交正迎来接受国内舆论审查的时代。

美国公共外交的第二个课题是如何调整分散于政府内部的公共外交机能。现在在美国，除了国务院和美国广播理事会，国防部、美国中央情报局、商务部、农业部、议会图书馆、史密森尼协会和美国国家科学基金会（NSF）等机构也都承担着公共外交的一部分工作。

特别是国防部和美国中央情报局，对于公共外交工作影响重大。

美国军中广播（AFN）相当于国防部的美国之音，它向世界各地的美军基地相关人员及其家属播送广播和电视。它以远东放送（FEN）为名在日本一直广播到1997年，并被日本人民所熟知。因为是学习纯正英语的好教材，日本还有专用收听远东放送的小型收音机出售。美国十分重视与驻军基地周边的居民建立良好关系（社区公关），经常举办演奏会、基地参观、友好节和飞行表演等活动。冷战时期，这一系列的活动也是美国用以反衬苏联军队封闭性的一种手段。[8]美国认为，战争时期心理战最为重要，所以在海湾战争、阿富汗战争和伊拉克战争中也大规模展开类似的活动。[9]近年来，这种手段又多被称为战略通信（strategic communication）。[10]

168 美国中央情报局是唯一可以进行非公开活动（包括拒绝公开信息）的政府机构。他们经常在不告知相关机构的情况下独立开展行动。《读者文摘》（*Reader's Digest*）在全世界拥有1亿以上的读者（日文版于1986年废刊），堪称是拥有全美最大发行量的综合月刊。而其创始人德威特·华莱士夫妇就被指与美国中央情报局有密切关系。[11]

这些机构不仅处理信息的性质不同，而且在看待信息共享这个问题上的想法也各不相同。就连国务院内部也存在着不同的观点。原美国新闻署的工作人员重视信息的多元性和公开性，而国务院的工作人员则重视信息的统一性和保密性。政府内部的协调是美国公共外交历来就存在的问题，它的艰难程度在瞬息万变的机构改革道路上体现得淋漓尽致。2007年，公共外交职能的调整以及全部的立案和企划工作全都由国务卿领导。但未来能否持续，我们尚未看到任何保证。

与此同时，美国存在着大量的世界性媒体、大学、智库、企业、基金会、艺术团体、运动团队、民间社会组织以及宗教团体等。据统计，目前世界上具有开展国际性活动实力的非政府组织共约4万个，其中大部分都以美国作为总部所在地。[12]与民间团体保持合作是美国公共外交的传统作风。今后，出于降低成本和提高信赖度的考虑，这种合作将愈来愈频繁（当然，也有不少民间组织对与政府的合作持戒备态度）。

169 一直以来，公共外交都是以一个国家为单位的行动，但是现在也有一些人认为，政策目标一致的国家之间合作开展公共外交，不仅有利于降低成本，还能规避在狭隘的国家利益下（或者在他国看来是狭隘的）行动可能引起的危险结果。[13]

元首、阁僚、大使以及外交官都代表着国家，他们的言行举止历来都十分重要，这一点自不待言。他们在国内的一些不经意的言行，通过网络世界被不断地放大，最终产生出意想不到的国际影响，这样的案例估计今后只会有增无减。

美国公共外交的第三个课题是活动的评价方法。一般多采用活动量、预算规模、收支决算、信息发送量、参加人数或者点击量、新闻报道、舆论调查和奇闻轶事等作为评价指标。然而，从公共外交性质的层面而言，有很大一部分内容是无法通过单一方法进行测定的。就像爱德华·马龙所说的一样：“人们改变想法时，不会像收银机一样发出响声以示通知”，而且“很多时候，哪怕只是向原本态度坚定的人们灌输了质疑的思想，那也是很有价值的。”哪怕只影响到一个人的态度，都有可能带来巨大的变化。就算态度改变了，也不一定能一直保持不变。公共外交是否改变了人们的态度，本来就很难判断。

翻阅那些建议强化公共外交的提议书，能零星看到一些观点，它们认为美国之所以能够取得冷战的胜利全依赖于公共外交。不可否认，俄罗斯的诺贝尔奖获得者、作家亚历山大·索尔仁尼琴和捷克共和国首任总统瓦茨拉夫·哈维尔都曾回忆说，自由欧洲 170
电台和自由电台传送来的信息是他们在冷战时代巨大的心理支柱。然而，要解释冷战这个巨大的政治结构为何瓦解，从以美苏为中心的相关国家的军事、经济情况、国内政治状况，以及与他国的外交关系等综合因素来考察应该更为恰当。冷战高潮时期，曾在肯尼迪政府担任国际文化教育事务助理国务卿的菲利普·库姆斯回忆说，当时的教育文化交流项目在国务院的地位，就像是“生活在美国外交政策贫民窟的穷孩子”。[14]将公共外交过度理想化就等同于蔑视它，不过是脱离现实的天真想法而已。

评价公共外交只能在参考活动目的、投入的资源、对象、手法和状况等的同时采取灵活的应对方式。更要警惕切勿陷入简易的数字化和精细化的评价模式，这种危机意识和政治度量才是最不可或缺的因素。关于这一点，我经常想起在越南战争最激烈的时候，坚持反对越南战争的参议员富布莱特说过的一句话：“我不认为教育交流项目能培育出人与人之间的亲密感。然而，这并非本质问题。只要我们能打心底里感受到对方也是同样的人，不将生活在异国的人看作是令人畏惧的教条主义者，而是将他们视为是与我们一样的人，这就足够了。我们需要认识到，他们与我们自己国家的人民一样，会喜会悲，有残酷亦有温柔的一面。”[15]

171 二十九、普及化的外交空间

在政治经济统合和文化同质化、单一化得到进一步发展的背景下，宣传国家特性和文化特性的意识愈来愈活跃。此外，随着信息化社会和网络组织的不断发展，无论是企业还是国家都更加注重提升自我形象、打响自己的品牌，以吸引人们的关注，提高人们对于企业或者国家的认识。由于舆论通过国内政治对国际政治造成的影响愈来愈大，外交空间不再只局限于政治家与外交官之间，而是普及到了公民和大众的层面。在这种全球化潮流的引导下，尽管外交契机和动机各不相同，但是各国都愈来愈重视通过由政府组织的新闻活动和文化活动，对他国的公民和民间组织施加影响以达到特定的政策目的，即开展公共外交。

譬如，1990 年代中期，英国的 BSE（牛脑海绵状病，即疯牛病）问题一时间成了世界性话题。即使是在问题得到解决之后，大家仍然认为英国出产的牛肉不安全。这对于英国的畜牧业造成了重大的打击。就在此时，英国文化协会判断人们之所以有这种想法，根本原因在于大家认为“英国＝陈腐”。无论英国政府如何解释“已经科学地证明了牛肉的安全性”，只要人们依然认为英国的科学本身就很落后，就难以改变这种国际舆论。于是，英国文化协会开始着手宣传英国的科学水平有多高。英国政府也展开积极行动。在年轻的托尼·布莱尔首相的领导下，为打破世人对于 172
英国的固有印象（停滞、衰落、没落、老朽化、阶级社会、陈腐的陋习、阴郁的天气和寒碜的食物等），通过振兴贸易、观光和文化事业，政府1990年代末开始大规模地开展“酷不列颠”（Cool Britannia）国家形象工程。虽然“酷不列颠”的名字取自于英国爱国歌曲“统治吧，不列颠（Rule, Britannia）”，但工程的实质却是英国政府在委托民间调查公司对世界30个国家进行舆论调查的基础上，采取措施来宣扬英国的现代性、多样性和创造性。工程的成果虽然难以定论，但是像英国这样的大国都积极采取国家形象战略，此事成为人们热议的话题，从而引发了全球的“酷”潮。

与世界各国的公共外交相比，美国又有什么特征呢？

当然，根据比较对象、比较时代和比较侧面的不同，所得出的特征也不尽相同。

譬如，英国文化协会（设立于1934年）是负责英国公共外交事务的主要机构之一，是受外交部监督的政府机构，预算的三分之一来自于政府拨款（剩余的收入基本上来自于英语课程）。尽管如此，为了政策的决定和活动的开展免遭政府干涉，能够在政治上保持中立，协会一直坚持与政府保持一定距离（arm’s length）的原则，在组织上算是非部门性公共团体

173 (Non-Departmental Public Body)。这一点与美国截然不同。美国的美国中心是国务院的一部分。虽然在外交部负责宣传活动这一点上，现在的美国和英国一样，但是以前这是由美国新闻署负责的。

德国的文化活动也由外交部管辖，但是外交部只向社团和基金会等专门组织提供资金支持，不干涉其政策的决定和活动的开展。这里所说的专门组织包括歌德学院、对外关系协会(IFA)、德国学术交流协会（DAAD)、洪堡基金会（AVH）和世界文化之家（HKW）等。[16]其中最具代表性的是社团法人歌德学院（设立于1951年)，它与外交部签订了框架协议，在此基础上开展文化活动。其预算的大约三分之二由政府拨款资助(其余收入基本上来自于德语课程)。尽管如此，歌德学院也与英国文化协会一样，与政府保持一定的距离，在这一点上，与美国中心不同（只是，歌德学院在2001年合并了政府的宣传机构国际交流中心，在职能方面，这多少让人想起了曾经的美国新闻署)。另外，相当于美国之音或者英国广播公司的德国国际电台德国之音（DW）现有三个播放语种，但是正面临预算不断减少的困境（1969年开始播放日语节目，因为财政困难于1999年停播)。

除此之外，英国文化协会与歌德学院都很重视与对方国家的人民以及民间组织进行合作与对话。相比之下，美国的公共外交却因其单方面灌输信息而备受指责。英国文化协会与歌德
174 学院还与法国法语联盟、西班牙塞万提斯协会、意大利但丁协会和葡萄牙卡蒙斯协会等保持密切合作。现在，以欧洲委员会教育文化总局（DGX）为中心，欧盟一方面继续维持着区域内的文化多样性，一方面又以构筑欧盟范围内的共通文化特性为

目的积极开展跨国文化教育交流活动。今后这样的活动将不仅限于欧盟区域内，也会面向欧盟以外的国家正式展开，届时，欧洲各国文化机构之间的合作将会随之得到进一步加深。美国与欧盟在公共外交方面的关系，值得我们关注。

再者，从历史角度来看，美国的公共外交倾向于操纵“战争”，诸如第二次世界大战、冷战或反恐战争等。而英国与德国的公共外交着力于振兴贸易、观光和文化事业，这一点也与美国形成鲜明对比。

当然，近年来，英国与德国的公共外交重点也开始逐渐从发达国家向中东、东欧、俄罗斯、非洲以及新兴的亚洲国家转移，而且也与美国一样强调“民主主义”和“人权”等政治主张。这是英德美在公共外交上的共同点。另外，他们还都将肩负着新时代重任的年轻精英群体作为活动对象，职能也都开始从拥有大量书籍的“图书馆”（至少发达国家是这样的）向以特定读者为对象的“信息提供中心”转变。

在公共外交仅靠政府单方面发展这一点上，相比英国与德国， 175
美国与中国更加相似。当然，在政治体制上，共产党领导的中国与多党制的美国截然不同。美国政府的活动更需要具有战略性，也更能够具有战略性。这不是因为执政党或者中央政府有多强大，而是源于民众对政府抱有的巨大怀疑，而且政府以外的行动者们已经展开了积极的对外活动。

从 1990 年代后期开始，中国积极开展了外国留学生奖励制度，以及外国政治家、教师、研究学者和新闻工作者招聘项目，还积极举办了北京奥运会（2008 年）和上海世博会（2010 年）等大型活动（中国外交部白皮书——《中国外交》从 2003 年版开始，设立了关于媒体对策——“新闻工作”的章节）。美英德的公共外交分散于政府多个机构，相应的调整改革难以实施。相比之下，中国则能够凭借共产党强有力的领导力，自上而下迅速且大胆地决定政策、开展活动。

像英国文化协会和歌德学院这样，由国家开设正式语言学校的例子并不罕见。但像中国政府设立的孔子学院这样，能在短时间内如此快速扩大其活动范围的却绝无他例。

孔子学院以普及中文和中国文化为目的。2004 年秋第一家孔子学院在首尔正式成立。直至 2007 年，全世界已有孔子学院约 150 家（2005 年在立命馆大学设立的立命馆孔子学院是日本国内的第一家）。中国政府已经制定相关的国家战略，致力于截止
176 2010 年将孔子学院扩增到 500 家，将目前全球约 3000 万中文学习者增加到 1 亿人。

这里所说的扩增并不是单方面的一意孤行，而是以对方国家机构提出的申请为基础，与中方的合作机构一起推进项目的实施。很多大学希望提高国际竞争力，但苦于预算有限。而设立孔子学院，能够得到中方的支持，减少一半的初期投资，这实在是太有魅力了。对于中国来说，则能利用合作机构的基础设施达到降低成本的效果，实现以特许经销的方式增加学院点的目的。设立孔子学院得到了中国政府的官方保证，令学校倍感安心，品牌影响力也足够大。

然而，与此相关，中国政府并不认可外国政府在中国国内设立文化机构，因此无法形成双向的文化交流模式。[*] 面对此种情况，各国采取了相应的措施。譬如，美国和英国在大使馆或者领

---

* 此处内容与实际情况略有偏差。据北京法国文化中心主页，北京法国文化中心于 2004 年 10 月 10 日即已揭幕。——编者注

事馆内设立相关部门，法国则在中国的大学内设置事务所（后者属于中国教育部，其部分官员来自于中国教育部）。德国虽然开设了独立于大使馆和大学的文化机构（歌德学院），但究其正式所属，与法国是一样的。

中国还积极通过国内最大的国家电视台“中国中央电视台”（CCTV）国际频道展开外交活动。

以南太平洋瓦努阿图共和国为例。

2004 年，该国总理瑟奇·沃霍尔单独访问中国台湾，
发表公报与台湾“建交”。由于瓦努阿图共和国国内几乎 177
所有官员都支持“一个中国”原则，不久总理便陷入了信任危机。出于对该总理行为的担忧，中国决定在瓦努阿图架设天线，播送中国中央电视台英语国际频道。对于只有国家电视台和宗教频道的瓦努阿图人来说，中国中央电视台如同通向“现代化”的大门。因此民众对于中国的好感程度迅速提高（中国政府还向瓦努阿图派遣了中文教师）。

这里顺便提一下近年来竞争愈来愈激烈的国际电视台。

2006 年，法国第一家国际新闻电视台“法国 24 小时”（France 24）开播了。电视台之所以提早开播，是因为雅克·希拉克总统不满美国有线新闻网和英国广播公司就伊拉克战争的原因所作的英语报道。同年，卡塔尔半岛电视台的卡塔尔半岛英文频道（A1 Jazeera English）开播，试图从阿拉伯国家的立场出发，校正欧美媒体的不公正报道。电视台凭借石油资源的雄厚财力，积极地从欧美挖取原英国广播公司记者、原美军军事报道官等大量

人才。2007 年，在核开发问题上与欧美对立的伊朗开播了第一个英文新闻卫星频道新闻电视台（Press TV）。该电视台现在已经在
178 华盛顿、纽约、伦敦、巴黎和大马士革等广设分支机构，将来更是计划扩展到全世界 50 个国家。

中国的公共外交注重国家利益，而加拿大和挪威开展的专业外交重视推进更具普遍性的国际利益——“可持续发展”（sustainable development）、“人类安全”（human security）和“保护的责任”（responsibility to protect）等。至于政府与非政府组织的紧密合作，两国也做得非常出色。[17]挪威等国人口不足 500 万，没有具有世界影响力的通用语言和产业，没有国际电视台，连欧盟成员国都不是，但是它们通过调解国际纷争、维护世界和平或举办诺贝尔文学奖等实际行动，展现了维护世界和平、致力于国际贡献的国家形象。

三十、与日本的差异

日本以往主要由外务省、国际交流基金、日本放送协会（NHK）以及文化厅等机构承担公共外交事务，不过近年来也发生了一些变化。

2004 年，外务省机构改革，大臣官房下的文化交流部与外务报道官组织下的海外报道课合并成“广报文化交流部”（Public Diplomacy Department），设于大臣官房下。这是日本外务省下
179 属机构的官方英文名中，首次使用了“public diplomacy”（公共外交）一词。它的职能重心是制定对外文化交流宣传战略和国际交流基金的中长期目标，至于活动的开展则尽可能地转交给

国际交流基金负责。

国际交流基金的隶属机构是国际文化振兴协会。它与英国文化协会在同一年即1934年成立，目的是避免因脱离国际联盟而被国际社会孤立。不久，随着战后日本逐渐成为经济大国，以及为应对“尼克松冲击”（1971年），在福田赳夫外相的主张下，国际文化振兴协会于1972年作为外务省所管的特殊法人开始展开以文化艺术交流、日语教育、日本研究和学术交流为主的活动。受政府整体特殊法人改革趋势的影响，国际文化振兴协会在2003年成为外务省所管的独立行政法人。另外，作为行政改革的环节之一，协会被要求减少活动量，除非是外交政策上必需的活动。

1995年，日本放送协会国际频道（NHK World TV）开播。为了加强日本对外信息的传播力量，2009年新的英文电视台又通过日本放送协会的子公司面向海外开播。新电视台计划在灵活运用日本放送协会技术的同时独立播放。资金方面则建议与民营电视台合作或者依靠广告收入。

尽管“新闻外交”与“文化外交”这些词汇战后才在日本出现，[18]但是由于战前日本实行信息管制和文化管制，战后才逐渐重视经济合作以及开发援助，所以在将海外宣传与国际文化交流理解为“公共外交”这一点上，日本的态度总体来说是谨慎而消极的。日本虽然与英国的制度相似，但是在理念上更倾向于普适性 180
和中立价值色彩浓重的德国（日本外务省新闻文化交流部的预算包括联合国教科文组织的分摊经费、对联合国大学的拨款和文化无偿援助金等）。

德国的歌德学院已经于2004年在平壤设立了朝鲜国内的第一家外国文化机构——德国信息中心，开始有意识地在“民主主义”

和“人权”等具有政治色彩的主题下开展活动。中心内有4000份关于德国的图书、数码光盘（DVD）、报纸和杂志。其中某杂志还刊登着标题为“在核试验中玩火自焚的昏君”的报道以及领导人的照片（据说这些杂志没有受到过任何检查，直接提供给来馆的访客阅读）。[19]美国就更不用说了，一直持续地在朝鲜、古巴、缅甸、越南、柬埔寨、阿富汗和伊朗等外交战略要地设立广播电台。与前两者相比，日本的文化活动和外交战略的直接联系比较少，更多地将重点放在如何建立和完善广泛的政策环境与交流环境方面。

因为与外交战略联系较少，介绍日本精神、传统和文化特色的讲演就更容易在国家的文化外交中占据首要地位，这也可以说是日本的特色。歌德学院历来严格区别“从德国展现文化”（presenting culture from Germany）和“展现德国文化”（presenting German culture）这两个概念。前者是德国对外宣传工作的行动指南，更具文化多样性。这一点与日本形成了鲜明对比。[20]

与国家的经济规模相比，日本的公共外交规模显得十分微小（这一点日本与美国很相似）。这可能是因为在国内有一种根深蒂固的思想，将国际文化交流与合作活动理解为具有博爱主义色彩的慈善活动或者具有启蒙主义色彩的异文化理解活动，也可能是
181 因为在很多人眼里，这些活动不过是为了争取国家利益而付出的边缘而且次要的服务而已。

外务省新闻文化交流部2006年度预算为284亿日元，仅占外务省预算总额的4%。[21]不仅如此，这284亿日元几乎都是给国际交流基金的拨款和联合国教科文组织的分摊经费。虽然简单地用数据作比较并不恰当，但是，必须认识到，与同年度美国国务院的公共外交相关预算（约8亿美元=910亿日元）相

比，日本只有其约三分之一的规模（日本经济规模约为美国和欧盟的一半）。

一份关于英国文化协会、歌德学院和国际交流基金2003年资源的对比数据显示，三者的年度预算规模依次为959亿日元、295亿日元和177亿日元；职员人数（含海外当地职员）依次为5294人、3121人和3488人；海外事务所数量依次为282家、128家和19家。[22]还要指出的是，国际交流基金预算的80%来自政府拨款，而英国文化协会的政府拨款仅占约三分之一。由此可见，虽然日本与英国的制度相似，但是不能简单地将两者的公共外交等同起来。

尽管资源有限，但是像由外务省联合总务省、文部科学省和自治体国际化协会（CLAIR）协力开展的JET项目（外语指导等外国青年聘用项目）等，仍然令他国的公共外交负责人刮目相看。
项目自1987年设立以来，已经吸引超过50个国家的近5万青年 182
参加，在支援日本各地国际化发展的同时，培养了大批积极活跃在各个领域的知日派。如今，负责美国对日政策和日本研究重任的中流砥柱——第五代“知日派”中还有随处可见的该项目的学生。

美国外交官与日本外交官的仕途不同。

在美国，参加外交官考试阶段就需要从政治、经济、公共外交、领事和管理这五个领域中选定自己的方向。录取之后，原则上不再作部门调动。因为国务院和大使馆的高层干部都是政治任命的，这要求外交官在各自的部门里积累经验。负责公共外交的外交官们，可能是受职务性质的影响，不少人都有曾经从事记者、研究学者、国际贸易、非政府组织或者基金会高层管理的经历。譬如，从2004年起的三年间，在美国驻日大使馆担任新闻文化公使的威廉·摩根就是在取得克莱蒙德大学历史系博士学位（以日美关系为中心的美国外交史）后成为外交官的。他曾担任过福冈美国中心馆长、美国驻日大使馆报道官和美国新闻署日本担当课长等。直至退休，他将自己外交官生涯的一半时间都倾注在了日美关系上。

英国文化协会、歌德学院的海外事务所所长由大学教授、美术馆馆长或导演等出任的例子并不鲜见，而且任期长达 4—8 年。在英国和德国，各部门及相关机构之间的人事调动非常频繁，这有利于形成对公共外交的共通理解。在这一点上英德比美国出色。
183 2001 年，我拜访了英国中道左派系智库——外国政策中心。中心由麦克·雷纳德领导，他是布莱尔首相的年轻军师，致力于推进“酷不列颠”工程。拜访期间，我看到这个小规模智库的工作人员在没有墙壁隔断的楼层里共事，令我印象深刻。工作人员之间的交流是日常性的，是以信息共享而非信息垄断为基础的。中心还有从英国文化协会调动过来的职员。

1990 年代，我在哈佛大学留学。当时，学校的肯尼迪行政学院有几十位来自俄罗斯和中国的军官学生，他们受到美国政府的资助来此学习。最近，中国政府也开始推出一些以官员为对象的研修项目。然而，在日本类似的项目很难开展。开设有公共外交相关课程的美国大学举不胜举，塔夫斯大学、乔治·华盛顿大学和南加利福尼亚大学还设有“公共外交”研究所。2006 年秋，南加利福尼亚大学开设了全球第一个公共外交的研究生课程项目（两年制）。各个大学、智库和基金会也经常开展关于公共外交的公开演讲，这与日本存在天壤之别。

三十一、对软实力论的误解 184

公共外交经常与软实力联系在一起加以讨论。最后，我想在既有的理论基础上对软实力论作一些新的思考。

众所周知，软实力是非强制性且无偿的，是通过国家魅力达到目的的能力。具体而言，就是指该国的文化、政治理想和政策魅力。古有《孙子兵法》云："不战而屈人之兵，善之善者也"，这与软实力的概念是相通的。以往谈到国际政治时人们只会联想到硬实力（军事力量和经济实力），但是近年来，软实力已经成为构筑国际政治的又一股重要力量而备受各方关注。

哈佛大学国际政治学学者约瑟夫·奈是"软实力"的提出者。无论是作为抑制核扩散方面的权威，还是作为（第一次）克林顿政府的助理国防部长，他比谁都了解硬实力的重要性。可就是这样一位人物，却对小布什政府（特别是保守党）一味依靠硬实力的高压外交手段拉响了警报。因为忽视软实力很可能动摇行使硬实力的正当性，最终会导致实现政策目标的成本进一步提高。关于这一点，有一个很好的例子。伊拉克战争时期，考虑到国内反美情绪高涨，土耳其禁止美国使用其国内的美军基地，结果限制了美军攻打伊拉克的选择余地。 185

我之所以对软实力论抱有如此大的兴趣，是因为其与近年来备受关注的社会资本（社会关系资本）论有类似的地方。社会资本论是奈在哈佛大学的同事罗伯特·普特南发展起来的概念，是指强调人与人之间的信赖、规范和纽带（网络组织）等，促进人们的协调行动，从根源上支撑社会制度的特性。普特南理论的重

点在于指出这种协调行动有利于提高社会的运营效率，这种特性
185 就是“资本”。

一直以来，大家虽然意识到了外交与社会动力的重要性，但是由于难以计量，使得它们只能受到边缘价值或者二等公民似的待遇。“软实力”与“社会资本”将它们言语化，将它们提升到了理论层面，具有重大意义。

改变他国政策的三种力量

	行动	主要手段	政府政策
军事实力	强制 抑止 保护	威吓 军事力量	威吓外交 战争 同盟
经济实力	诱导 强制	有偿支付 制裁	援助 贿赂 制裁
软实力	魅力 课题 设定	价值观 文化 政策 制度	宣传外交 两国间或多国间外交

资料来源：约瑟夫·S. 奈《软实力》，日本经济新闻社 2004 年版

奈和普特南这两位政治学者代表了现代美国，虽然外交（国际关系论）与社会（公民社会论）这两个专业之间存在差异，但是他们却提出了类似的观点，对此我饶有兴趣。近几年的美国政治学总给人一种充斥着合理选择论、愈来愈数理化的印象，晦涩
186 难懂。而此类理论的提出，又展现出美国政治学实力雄厚的一面。

我们在评价软实力论时，有必要立足于这样的认知基础。

当然，与社会资本论一样，关于软实力论，也存在很多误用、乱用、极端甚至被恶用的例子。看来对这个概念的理解还是比较混乱的。

首先，软实力的要旨在于降低实现政策目标的成本，而非单纯的文化产业振兴。为了便于理解，也有的地方将软实力翻译成“魅力”，这会导致一种误解——只要是有魅力的事物，都可以称之为软实力。有魅力的事物固然能丰富我们的人生，但是仅凭这一点，还不足以能成为软实力。

再严格一点来说，有魅力的事物是软实力的“源泉”，但它能否成为软实力，还取决于政策的目标、目的、具体缘由以及手段。另外，关于某一源泉它到底有多少魅力，发出者与接受者之间，抑或两者各自内部的理解也是有差异的。魅力是在发出者与接受者之间形成的共识，不能与“软实力”等同起来。

譬如，经常被引证作为美国软实力象征的好莱坞电影，另一方面却被指责为“充满着暴力、犯罪以及性堕落”。不仅伊斯兰教徒，美国国内的保守派也因此排斥这些影片。日本首相参拜靖国神社的行为招来国内外众多批评，但不可否认的是，至少在日本国内的一部分保守主义者看来，“靖国才是软实力”。[23]当然，随着 187
今后政治局势和国际情势的发展，可能日本的全国舆论都会变得认可这种看法，或者舆论朝完全相反的方向发展，“靖国”变得连软实力的源泉都算不上了。说起自卫队，人们很容易将它视为硬实力的中坚代表，但是根据目的、具体情况、动员手法的不同，它也有可能成为软实力的源泉。[24]

源泉与实力不能等同，这种说法不仅仅在讨论软实力时才成立。譬如拥有一辆巨大的战车可能在沙漠战争中为你带来胜利，但是换成湿地战争，可就不一定了。如同哥伦比亚大学国际政治学学者大卫·鲍德温所言，力量的源泉是否产生有力量的行为将由具体情况决定。[25]从性质上来说，软实力比硬实力更容易受到接受者的主观影响。

事实上，我对奈的理论有一点意见，那就是奈忽视或者说是轻视了这种复杂性。譬如，在2004年出版的《软实力》（*Soft Power*）一书中，奈写道，社会老龄化和英语水平不足限制了日本软实力的发展。但是，这些是否成为限制因素，还要视国家观、社会观以及所要实现的政策目标而定，不能简单地盖棺定论。之所以会有人批判奈的理论不过是以“美国的国家利益”——特别是自由派所理解的“国家利益”——为中心，我想大概也是因为忽视了复杂性这个原因吧。尽管如此，我们不能因为奈的理论方
188 法有缺陷，就怀疑软实力这个理论本身的价值。

可能是因为奈在克林顿执政期间担任过助理国防部长（1995年，他制定了被通称为“阿米蒂奇—奈”的《东亚战略报告》，重新定义了日美安保关系，具有核心意义。此事也令他大名远扬）的原因，有很多人批评“软实力还必须依存于硬实力”，“所谓软实力不过是大国（特别是美国）用来掩饰硬实力的另一种说辞”。[26]

且不说不计其数的美国阴谋论，作为对以上这些批评的反驳，奈在这本书中写道：“苏联曾经拥有十分强大的软实力。但在进攻匈牙利和捷克斯洛伐克之后，失去了其中的大部分实力。即使是在不断扩张经济实力和军事实力的时期，苏联的软实力也呈现疲软之势。苏联使用硬实力，采取强硬的政策，结果导致了软实力的衰落。”[27]奈还以挪威（和平调停人）和加拿大（与美国划清界限，采取国际合作姿态）为例，说明一个国家是可能拥有超越其

硬实力和软实力的政治影响力的。[28]美国这个硬实力大国的军事费用占全球的40%以上（军事领域的研究开发费用占全球的80%以上），拥有全球最大的经济规模，但是其软实力却和硬实力不成正比。究其原因，显然是因为世界其他国家对美国的好感程度低而造成的。

对于软实力论的误解，也有一部分原因在于有些人习惯用现实主义的方式思考硬实力，用理想主义的方式思考软实力，从两 189
个不同的层面对两者进行比较。然而，传统的现实主义者们并非对软实力的重要性漠不关心，譬如，E. H. 卡尔在他的古典著作《20年危机（1919—1939）》（*The Twenty Years' Crisis, 1919—1939*，1939年）中提出国家的力量是军事实力、经济实力以及影响舆论的实力（power over opinion）三者的复合体。只是随着计量主义色彩强烈的新现实主义的逐渐盛行，“影响舆论的实力”所蕴含的文化、规范和价值观被忽视了而已。[29]

作为原助理国防部长，奈清楚地了解硬实力的重要性，他也承认为了达到政策目的，有时候只有依靠硬实力才行得通。“朝鲜的领导人金正日不会因为喜爱好莱坞电影而改变他关于核发展方面的决定。”[30]奈认为不能只重视硬实力或软实力，因此，他最近开始宣传两者都必须重视的“巧实力”。[31]日本在处理朝鲜、地球温室化以及联合国安理会改革等问题时也不能只依靠硬实力，必须在争取国际舆论的同时，灵巧应对。

有人批评软实力论“过于柔软”。意思是认为其效果的测定与评价工作太困难。然而，尽管构成国际政治的力量因素难以计量，软实力论在将其言语化这一点上还是具有重要意义的。因此我觉得，这样的批评未免有本末倒置之嫌。 190

原本国际关系论所说的“力量”是指为实现令自己满意的状

态所具备的能力和资质。然而，无论是军事实力还是经济实力，这类“能力”如何测定和评价，是一个十分棘手的问题。在实力论研究方面颇具盛名的纽约大学政治社会学学者史蒂文·卢克斯一语道破要点，他指出那些认为“力量”是可以计量的观点，不过是“有实体的虚像”（concrete fallacy）。[32]必须注意，这里也不可将“源泉”与“力量”等同起来，就算源泉是可以计量的，也不代表源泉的总量和力量的总量是成比例的。

譬如，1940 年德军拥有的坦克数量不及英军和法军的总量，但这并未影响战果。至于软实力，驻日美军中一名士兵的不良行为导致美国在日本国内好不容易培养起来的亲美或近美感情毁于一旦；“韩流”过热招致一部分日本国内民众开始抱有类似文化防卫论的民族主义情绪而讨厌“韩流”。测定与评价绝非易事，但也不能因此而否定软实力论的作用和意义。

奈在提出“软实力不像硬实力能受政府管理”的基础上，指出民间社会组织、企业、大学、基金会、宗教组织、民族集团以及国际机关等参与者具有重大的影响力，他提倡要重视这种影响
191 力，有必要时组织之间需要互相合作。[33]但是，不可否认，支撑这种“重视”与“合作”的背后原因仍然是“国家利益”。也正因为如此，可以理解为何有人批评奈的软实力论不过是以“国家”为中心的理论。[34]

譬如，1966 年美国制定的《信息自由法》，直至 40 年后的 2006 年，其理念已经被 60 多个国家的法律体系采用，这是以重视公民“知情权”为特点的美国软实力的源泉。法学者劳伦斯·雷佩塔曾经为让日本法庭允许旁听者记笔记而做出过巨大努力，他指出，“知情权”在世界上被广泛接受的原动力是美国国内外的民间组织，一个国家的软实力与其说是由政府，倒不如说是由非

政府组织自发而充满精力的活动支撑起来的。[35]

在奈竭力主张软实力论的同时，布什政府向世界播下的却不是希望和乐观的种子，而是恐怖和愤怒的种子。这种外交方式可能令美国在国际社会受到孤立，不能掉以轻心。因为美国被孤立恰好是基地组织最希望看到的结果，要提防基地组织运用“柔术战略”，通过激怒美国使其走上自我毁灭的道路（而他们自己只需袖手旁观）。[36]

由于奈的理论以国家战略为主轴，所以存在将“国家”与“文化”混同起来的潜在危险。在全球化的潮流下，“文化”的越境性和脱领域性，[37]加上在文化理论领域中“文化”越来越去中心化和去构筑化，[38]这可能导致奈的理论再生出旧资本主义的“民族 192
文化论”。杜克大学文化人类学学者安·阿里森研究发现，源自于日本的流行文化在美国广为传播，但是美国年轻人并未意识到这是“日本”的东西。我对这个研究成果颇感兴趣。[39]

在这一点上，奈的理论对“国家”的讨论过于简单，忽视了各国国内的思想意识形态和利益冲突，以及社会与文化的多样性。

三十二、软实力的灵活运用与公共外交

既然所谓软实力是非强制性的和无偿的，是指凭借国家的文化、政治理想和政策魅力达到所求目的的能力，那么，作为谋求软实力的手段，公共外交理所当然应该受到重视。

但是，并非只要强化公共外交，软实力就会随之增强。

2007年秋，缅甸军事独裁政权镇压反政府武装，受到国际社

会的指责。同年的五一劳动节当天，在位于缅甸最大城市仰光的美国中心，6 名二十多岁的年轻人因为试图举办关于劳动者权利
193 保护的研讨会而遭到逮捕（不久，就被判最长 28 年的监禁）。现代化的中心图书馆内网络设施齐备，陈列着从美国空运来的最新书籍、杂志和数码录像光盘。馆内连日满员，非常热闹。中心还频繁举办好莱坞电影放映会、英语课程、留学咨询会以及演讲等活动。中心开放的美国之音和英国广播公司短波电台是人们宝贵的信息来源。对于通过切断国内网络等手段进行信息管制的军事政权而言，欧美诸国的此类公共外交就构成了威胁。军政府对此进行严密的监视。在伊朗，接收卫星信号被认定为违法行为。但是近几年，收听美国政府播放的波斯语电台的民众愈来愈多，警察正加紧查处违法信号装置。

在美国的公共外交活动中，一方面有人因此被美国的魅力吸引，另一方面也有人对此类信息和文化的流入抱有抵触情绪，对于这部分人而言，公共外交就是文化上的帝国主义，可能成为煽动国内敌对情绪的契机。这种情况下，公共外交反而减弱了软实力。2007 年春，位于卡萨布兰卡（摩洛哥）中心大街的美国文化中心门前，就连续发生了两起自杀式爆炸恐怖袭击事件。

有些公共外交“一开始就充满火药味”，以国家利益观为基础，就像一场权力游戏。在它们身上看不到任何会产生国际利益的迹象。尤其是美国的公共外交，曾经是用以操纵两次世界大战、
194 冷战和反恐等一系列战争的手段。有不少人虽然不认同将国际文化交流与合作发展简单地理解成博爱主义的慈善活动，或者启蒙主义的异文化理解活动，但与此同时，美国式的公共外交又令他们感到不快，导致他们产生排斥心理。之所以如此，恐怕也是上述美国公共外交的性质所造成的。

如今的国家利益，形成了从公民社会到区域联合、到国际社会各种利益交错重叠的局面。国家利益与国际利益变得愈来愈不可分割，国家利益中往往包含着国际利益。在这样的新时代，那些从实力游戏衍生而来的公共外交，只能获得极其短暂的国家利益。

软实力并非零和博弈，根据不同的使用方法，它不仅可能帮助政府收获国家利益，同时也能带来更多的国际利益。

譬如，艾森豪威尔总统在联合国大会上发表过提倡和平使用核能的演说（1953 年），他试图通过向世界展示美国优越于苏联的伦理道德，来博取国际舆论对于美国的尊敬和信赖，意图非常明显。然而，在这里争取国际舆论，不仅仅是为了追求美国自身的国家利益，而且还是超越了一国利益并且关系到国际利益的重要行为。二战期间担任欧洲战场盟军最高指挥官的艾森豪威尔深知心理战的重要性，虽然他那些巧妙的计划大多出于美国的国家利益，但是对于国际社会来说，这远远要好过核扩散所带来的结果。

2006 年 3 月，哈佛大学举办了题为“软实力与公共外交”的 195
研讨会，我有幸以小组讨论成员的身份出席了会议。

研讨会期间，我以日本近年来对美印象恶化为例，对美国软实力的衰弱表示了担忧。不料奈却说道：“尽管如此，美国还有上层软实力”，这话令我印象深刻。软实力内涵丰富，如何理解它的意义，如何评价它，根据不同的状况和具体情况，或者研究者的立场而改变。奈敢于提出“上层软实力”，或许意在说明美国有自我批评的“度量”和“自省能力”，这才是美国魅力和活力的源泉。[40]

当然，上层软实力并非美国独有。

当初巴西核电站安全出现问题时，德国歌德学院曾计划开展相关的研讨会。但是，因为德国企业当初大力参与了巴西核电站的建设，举办研讨会与国家利益背道而驰，因此遭到反对。但是，学院认为举办研讨会这一行动有利于彰显“自由独立民主主义德国”这一国家形象，所以还是下定决心举办了研讨会并最终获得了很高的评价。

让这种自我批评的“度量”、“自省力”抑或透明性和对话能力成为考量国家魅力、国家正当性和国家诚信的因素，不仅是实
196 现国家利益，还是实现普适的国际利益或者国际公共性的基础。

待到国际利益或国际公共性能够引导国家行动之时，我们就离英国首相温斯顿·丘吉尔于1943年在被授予哈佛大学名誉教授时所谈的理想又近了一步：

“我们待人要心存善意，而非恶意。比起掠夺土地、剥削压迫，这样做能取得更大的回报。未来的帝国是头脑的帝国。”（Let us go forward in malice to none and good will to all. Such plans offer far better prizes than taking away other people's provinces or land or grinding them down in exploitation. The empires of the future are the empires of the mind.）[41]

这是支持我相信公共外交的唯一理由。我期待着上层软实力来证实我的想法，也期待朝着国际利益或者国际公共性发展的公共外交能得到进一步推广。

注 释 197

第一章

1. Bernard Bailyn, *The Ideological Origins of the American Revolution*, Harvard University Press, 1967.

2. Oren Stephens, *Facts to a Candid World*, Stanford University Press, 1955.

3. Wilson Dizard, *The Strategy of Truth*, Public Affairs Press, 1961.

4. Ralph Waldo Emerson, "The American Scholar", an oration delivered before the Phi Beta Kappa Society, Harvard University, August 31, 1837.

5. Richard Pells, *Not Like Us*, Basic Books, 1997.

6. Daniel Hedrick, *The Invisible Weapon*, Oxford University Press, 1991.

7. Bertrand Russell, "These Eventful Years", *Encyclopedia Britannica*, 1924.

8. George Creel, *How We Advertised America*, Harper &Brothers, 1920.

9. Fitzhugh Green, *American Propaganda Abroad*, Hippocrene Books, 1988.

10. 同第一章注 9，第 12 页。

11. 斋藤真，"美国研究的基石——高木八尺"，细谷千博主编，A50 日美战争后史编集委员会编，《日本与美国——合作的 50 年》，日本 times，2001 年，第 656 页。

12. Reinhold Wagnleitner, *Coca-Colonization and the Cold War*, University of North 198
Carolina Press, 1994, p. 50.

13. Frank Nikovich, *U. S. Information Policy and Cultural Diplomacy*, Foreign Policy Association, 1996, p. 14.

14. Wilson Dizard, *Inventing Public Diplomacy*, Lynne Rienner Publishers, 2004.

15. George Stocking, *A Franz Boas Reader*, University of Chicago Press, 1974.

16. 玛格丽特·米德（Margaret Mead），《人类学者鲁思·本尼迪克特——肖像和作品》，松园万龟雄译，社会思想社，1997 年，第 116 页。

17. 山本武利，《黑色宣传——谋略广播》，岩波书店，2002 年，第 287 页。

18. Barry Katz, *Foreign Intelligence*, Harvard University Press, 1989.

第二章

1. 理查德·T. 安特（Richard T. Arndt），《美国文化·信息传播外交——危险万分的平衡》，《国际问题》第 338 号，日本国际问题研究所，1988 年 5 月，第 44 页。

2. 同第一章注 14，第 8 页。

3. Richard Arndt, *The First Resort of Kings*, Potomac Books, 2005.

4. 同第二章注 1。

5. 龟井俊介，《美国文化和日本——超越“崇美”和“排美”》，岩波书店，2000 年，第 23 页。

6. 同第一章注 17。

199 7. 山极晃，“布朗和对日宣传单”，横滨国际关系史研究会·横滨开港资料馆编，《图说唐纳·布朗和昭和时期的日本——以收藏资料来看战时与占领政策》，有邻堂，2005 年，第 67 页。

8. 油井大三郎，“关于 IPR 大洼的收藏品”，《钟》第 23 号，一桥大学附属图书馆报，1990 年 11 月。

9. 同第一章注 11，第 661 页。

10. Marlene Mayo, “Planning for Education and Reeducation of Defeated Japan, 1943-1945.” in Thomas Burkman ed., *The Occupation of Japan*, The MacArthur Memorial, 1982.

11. 今まどか，“美国的信息交流和图书馆”，《纪要社会学科》第 4 号，中央大学文学部，1994 年 6 月。

12. 川上繁治，“长崎 CIE 图书馆”，回顾文集编集委员会编集、印刷，《回顾 CIE 图书馆》，2003 年，第 14 页。

13. 中川正人，“仙台 CIE 图书馆与仙台美国文化中心”，《市史仙台》第 13 号，仙台市，2003 年 7 月，第 33 页。

14. 伊藤和子，“作为 CIE 信息科日本员工的日子”，《图说唐纳·布朗和昭和时期的日本》（第二章注 7 已论及），第 85 页。

15. 藤原明彦，“占领期出版物的没收与图书馆”，《图书馆研究系列》第 32 号，国立国会图书馆，1995 年 3 月，第 39 页。

16. 五百旗头真，“占领——日美再次交锋”，山崎正和、高坂正尧主编，艾斯泰温编辑部编，《日美的昭和时期》，TBS 不列颠百科全书，1990 年，第 82 页。

17. 饭森明子，“日美协会扮演的角色”，波多野胜编著，《日美文化交流
史——他们的变化与残存》，学阳书房，2005 年。 200

18. 斋藤真，“美国学会成立之时”，《美国学会会报》第 160 号，美国学会，2006 年 4 月，第 1 页。

19. 猿谷要，《美国啊！让岁月更美好吧》，岩波新书，2006 年，第 22—23 页。但是，雨宫昭一在《占领与改革》（岩波新书，2008 年）一书中认为新宪法制定、财阀解体、农地改革、女性参与政权和教育民主化等一系列的战后改革虽然受驻日盟军总司令部占领政策的促进，但其出发点还是由于处于总体战体制的时代。

20. Kerry Segrave，*American Films Abroad*，McFarland & Company，1997.

21. 袖井林二郎，《占领下的日本人给麦克阿瑟将军的信》，大月书店，1985 年。和川鸟高峰，《战败——给占领军的 50 万封信》，读卖新闻社，1998 年。

22. 同第二章注 1，第 51 页。

23. 同第二章注 3。

24. 同第一章注 14。

25. 同第一章注 13，第 25—26 页。

26. 同第一章注 5。

27. 同第一章注 14。还有 Martha Bayles，“Goodwill Hunting”，*The Wilson Quar-*

terly，Summer 2005。

28. Yale Richmond，*Cultural Exchange and the Cold War*，Pennsylvania State University Press，2003，p. 207.

201 29. 山中いずみ，“美国的姐妹城市政策与公共外交”，政策研究大学研究生院研究生论文，2003年。

30. Thomas Sorensen，*The Word War*，Harper & Row，1967.

31. Cliff Forster，“The First USIS Decade in Japan”，*The United States Information Agency*，The United States Office of General Counsel，1999，p. 16.

32. 藤田文子，“1950年代美国的对日文化政策—概略”，《津田塾大学纪要》第35号，津田塾大学，2003年3月。

33. 熊谷俊树，“美国政府对战后日本的公共外交之意义”，杉田米行编著，《亚洲太平洋战争的意义——日美关系的基础是如何成立的》，三和书籍，2005年。

34. 同第二章注33，第249页。

35. 同第二章注33，第247—248页。

36. 有马哲夫，《日本电视与CIA——被发现的“正力文件夹”》，新潮社，2006年。

37. 同第二章注33，第237—238页。

38. *International Visitor Program*，Embassy of the United States of America，Tokyo，Japan，2004.

39. 近藤健，《日美关系的另一方面——富布莱特教育交流的四十年》，日本时代，1992年。以及近藤健，“富布莱特计划”，“日本与美国”（参见第一章注11），第463—464页。

40. 同第二章注13。

41. 同第二章注32。

42. 同第二章注33。以及春名干男，《秘密的文件夹——CIA的对日工作》，新
202 潮文库，2003年。

43. 同第二章注32，第14页。

44. 伊藤宽道，《我们的轨迹》，美国大使馆管辖职员共济会葵会·三十周年纪念志编纂委员会编，《葵会 1935—1938 年》，1984 年，第 104 页。

45. 同第一章注 17，第 295 页。

46. 同第二章注 36。

47. 同第二章注 36。

48. 加藤干雄，“国际文化会馆——志愿与成长”，《日本与美国》（参见第一章注 11），第 477—478 页。

49. 五十岚武士，《战后日美关系的形成——以讲和·安保与冷战后为视点》，讲谈社学术文库，1995 年，第 315 页。

50. Michael Latham, *Modernization as Ideology*, University of North Carolina Press, 2000.

51. 同第二章注 1，第 53 页。

52. 南希·斯诺，《宣传株式会社——美国文化的广告代理》，椿正晴译，明石书店，2004 年，第 50—51 页。

53. 同第二章注 30，第 123 页。

54. “The U. S-Warts and All” a proceeding of a commemorative symposium on Edward Murrow (Washington. D. C., October 16, 1991), The U. S. Information Agency Alumni Association and The Public Diplomacy Foundation, 1992 年，以及 Cliff Forster, *The United States Information Agency*,（参见第二章注 31）。 203

55. 同第一章注 14，第 90 页。

56. See “John Kennedy, USIA and World Opinion”, *Diplomacy History*, Winter 2001.

57. 同第二章注 30。

58. Donald Wilson, “USIA and the Cuban Missile Crisis,” *The United States Information Agency*,（参见第二章注 31）。

59. 同第一章注 14，第 84 页。

60. Martha Bayles, “Goodwill Hunting”,（参见第二章注 27）。

61. “The U. S—Warts and All”,（参见第二章注 54），第 13 页。

第三章

1. *Times*, July 7, 1961.

2. 同第二章注 1, 第 54 页。

3. 同第一章注 13。

4. Irving Horowitz ed., *The Rise and Death of Project Camelot*, MIT Press, 1967.

5. 京藤松子，“公共外交与布什政权”，小浜正幸 · 京藤松子，《布什与软实力》，虎之门 DOJO BOOKS，自由国民社，2006 年，第 97 页。

6. 池井优，《美国读已变化的日本历史——培理来之后的 150 年》，太阳企划出版，2005 年。

7. Naima Prevots, *Dance for Export*, Wesleyan University Press and the University
204 Press of New England, 1998.

8. 近藤健，“富布莱特计划”，《日本与美国》（参见第一章注 11）。

9. 安藤金治，“《美国窗口》的活动”，《葵会 1953—1983 年》（参见第二章注 44）。

10. 埃德温 · 赖肖尔，《赖肖尔自传》，德冈孝夫译，文艺春秋，1987 年，第 424 页。

11. 坂井孝之，“福冈、战后、美国中心”，福冈美国中心 40 周年展实行委员会编，《福冈美国中心 40 周年》，福冈日美协会、福冈美国中心 40 周年展实行委员会，1993 年，第 15 页。

12. 同第三章注 11，第 16 页。

13. 山本正，《下田会议与日美议员交流项目》，《日本与美国》（参见第一章注 11）。

14. 同第二章注 33，第 25 页。

15. Kimberly Ashizawa, “The Evolving Role of American Foundations in Japan”, in Tadashi Yamamoto, Akira Iriye and Makoto Iokibe, eds., *Philanthropy and Reconciliation*, Japan Center for International Exchange, 2006.

16. 同第一章注 14，第 109 页。

17. 同第一章注 13。

18. 同第二章注 1，第 57 页。

19. 同第二章注 52。

20. 同第二章注 52。

21. 同第二章注 52，第 69 页。

22. 摘自 NED 的网页（http：//www. ned. org/about/nedTimeline. html）。

23. 同第一章注 14。

24. 同第二章注 52。以及 Gifford Malone，*Political Advocacy and Cultural Communication*。University Press of America，1998.

25. 重乃皓，“关于美国政府对日本的宣传文化活动”，《京都外国语大学 COSMICA》，京都外国语大学，1985 年。以及同第二章注 52。

26. Carnes Lord，*Losing Hearts and Minds*? Praeger Security International，2006.

27. 同第一章注 14。

28. “Exchange Quota Increase Agreed”，*IREX Update*，International Research and Exchanges Board，Summer 1998.

29. Paul Blackburn，*Interview for Foreign Affairs Oral History Program*. Association of Diplomatic Studies and Training，2004.

30. 同第三章注 29。

31. 同第三章注 29。

32. USIS，*The American Center Presents INFOMAT*，1972.

33. 绀家孝雄，《激流勇进》，新风舍，2006 年，第 195—197 页。

34. 雷·可麦依、威廉·巴恩斯，“与超级格拉菲的对话”，粟津洁、矶崎新、福田繁雄编，《世界画报设计——七种环境的画报》，讲谈社，1974 年，第 83 页。

35. 同第三章注 29。以及与布莱克·班的私信。

36. 同第三章注 33。

37. 山本正，“日美欧委员会（Trilateral Commission）在日美交流中的作用”，《日本与美国》（参见第一章注 11），第 531 页。

38. 同第二章注 39。

39. 唐纳德·欧伯多尔佛，《迈克·曼斯菲尔德——遵守了美国良心的政治家的一生》，菱木一美、长贺一哉译，共同通信社，2005 年。

40. 例如，USICA，*Global and Regional Themes FY 1982*，p. 4.

41. 有贺贞，“战后日本对美国的研究”，《日本与美国》（参见第一章注 11），第 670 页。

42. 和久本芳彦，“国际交流基金日美中心”，《日本与美国》（参见第一章注 11），第 489—490 页。

第四章

1. Edward Luttwak，*Endangered American Dream*，Simon & Schuster，1993.

2. 同第二章注 52，第 70 页。

3. 同第二章注 52，第 87—88 页。

4. 同第二章注 52，第 72 页。

5. 同第二章注 52，第 107—108 页。

6. David Kramer，“No Bang for the Buck：Public Diplomacy Should Remain a Priori-
207 ty”，*Washington Times*，October 23，2000.

7. Leo Bogart，“History of the Department of States During the Clinton Presidency（1993-2001）”. Office of the Historian，Bureau of Public Affairs，U. S. Department of States. 摘自国务省网页（http：//www. state. gov/r/p a/ho/pubs/c6059. htm）。

8. 比尔·克林顿，《我的生活——克林顿回忆录》，榆木浩一译，朝日新闻社，2004 年，下册第 440 页。虽然 USIA 的翻译是《信息厅》，但笔者在引用时作了合乎原文表述的变更。

9. James Beker and Thomas Defrank，*The Politics of Diplomacy*，G. P. Putnam’s Sons，1995.

10. Frank C，Carlucci and Ian J，Brzezinski，*State Department Reform*，Council on Foreign Relations Press，2001.

11. 同第三章注 29。

12. 同第三章注 29。

13. 同第三章注 29。

14. William Hybl, *Public Diplomacy in Japan and Southeast Asia*, USICA, 1995。

15. 同第三章注 29。

16. 同第三章注 29。

17. 同第三章注 29。

18. 同第三章注 29。

19. “The U. S. A. Account”, *Washington Post*, December 31, 2001.

20. “US Message Lost Overseas”, *Washington Post*, October 14, 2001. 208

21. “Muslim-as-Apple-Pie Videos Are Greeted With Skepticism”, *New York Times*, October 30, 2002.

22. “Occupation Preoccupation”, *New York Times Magazine*, March 30, 2003.

23. “Towers of Babelaganda”, *Economist*, August 24, 2002.

24. “In the Line of Fire”, *Washington Post*, April 3, 2003.

25. Martha Bayles, “Goodwill Hunting”, *The Wilson Quarterly*, Summer 2005.

26. “Being There”, *Columbia Journal of Journalism Review*, March-April 2003.

27. “Pentagon Readies Efforts to Sway Sentiment Abroad”, *The New York Times*, February 19, 2002.

28. “U. S. Beams Its Message To Afghans”, *Washington Post*, October 19, 2001.

29. 例如, American Anthropological Association, *Anthropology News*, May 2007。

30. “Bush to Create Formal Office to Shape U. S. Images Abroad”, *Washington Post*, July 30, 2002.

31. United States Government Accountability Office, *Public Diplomacy*, April 4, 2005.

32. 摘自 BBG 的网页（http://www. bbg. gov/bbg_ aboutus. cfm）。

33. 摘自 BBC 的网页（http://www. bbcworld-japan. com/abou）。

34. United States Government Accountability Office, *Public Diplomacy*, April 26, 2007.

35. 例如, “Global Unease With Major World Powers”, The Pew Reseach Center

for the People and the Press, 2007. (http://pewglobal. orgreports/display. php? ReportID = 256)。

36. 同第四章注 34，第 5 页。

37. 同第四章注 34。

209 38. "Bush Asks for $46 Billion More For Wars", *Washington Post*, October 23, 2007.

39. Barry Rubin and Judith Rubin, *Hating America*, Oxford University Press, 2004.

40. Peter Katzenstein and Robert Keohane, *Anti-Americanisms in World Politics*, Cornell University Press, 2007.

41. Stanley Hoffmann, "America Goes Backward", *New York Review of Books*, June 12, 2003, p. 80.

42. 斯坦利·霍夫曼，"为什么美国被厌恶"，《世界》第 700 号，岩波书店，2002 年 4 月，第 147—148 页。

43. 同第四章注 42，第 151 页。

44. Moises Naim, "The Perils of Lite Anti-Americanism", *Foreign Policy*, May-June 2003, P. 96.

45. Russell Berman, *Anti – Americanism in Europe*, Hoover Institution Press, 2004.

46. Paul Hollander ed., *Understanding Anti-Americanism*, Ivan R. Dee, 2004.

47. 同第四章注 44，第 95 页。

48. 山本吉宣，"美国在国际政治中的地位——以美国'帝国'为中心"，山本吉宣、武田舆欣编，《对美国政治外交的解剖》，国际书院，2006 年。

49. 内阁府大臣官房政府广报室，《关于外交的社会舆论调查》，2007 年 1 月。

50. The Pew Research Center, "Global Unease With Major World Powers", June 27, 2007.

51. 根据伊拉克战争开始后即进行的舆论调查，有六成日本人反对攻击伊拉克。(2003 年 2 月 22 日的《朝日新闻》的调查结果是 59%，当天《每日新闻》的调查结果是 65%，同月 24 日《产经新闻》的调查结果是 63.6%。)

52. 《读卖新闻》，2007 年 12 月 14 日。 210

53. William Crowell, “Official Soft Power in Practice: US Public Diplomacy in Japan”, in Yasushi Watanabe and David McConnell, eds., *Soft Power Superpowers*, M. E. Sharpe, 2008.

54. 同第三章注 33。

55. 同第三章注 5。

56. 同第四章注 53。

57. 同第四章注 53。

58. “US Said to Use a Litmus Test to Block American Speakers Iraq Policy Critics Considered Targets”, *Boston Globe*, December 4, 2005.

第五章

1. Fact Pack, a supplement to *Advertising Age* magazine, Crain Communications Inc.,2006.

2. Melvin DeFleur and Margaret DeFleur, *Learning to Hate America*, Marquette Books, 2003.

3. Susan Lumenello, “The Ambivalent Americanist,” *Colloquy*, Harvard University Graduate School of Arts and Sciences Alumni Association, Winter 2008, pp. 11—12.

4. Peter van Ham, “The Rise of the Brand State”, *Foreign Affairs*, October 2001.

5. United States Government Accountability Office, *Public Diplomacy*, May 3, 2006.

6. Hans Tuch, *Communicating with the World*, St. Martin's Press, 1990, p. 113.

7. 同第二章注 3。

8. 同第一章注 14。 211

9. “When Bombs Are Not Enough”, *Washington Post*, December 10, 2001.

10. Carnes Lord, *Losing Hearting and Minds?*, Praeger Security International, 2006.

11. Peter Canning, *American Dreamers*, Simon & Schuster, 1996.

12. Helmut Anheier et al., *Global Civil Society 2001*, Oxford University

Press, 2001.

13. Mark Leonard, *Public Diplomacy*, Foreign Policy Centre, 2002. And Mark Leonard, Andrew Small et al., *British Public Diplomacy in the "Age of Schisms"*, Foreign Policy Centre, 2005.

14. 同第一章注 13，第 41 页。

15. William Rugh, *American Encounters with Arabs*, Praeger Security International, 2006, p. 18.

16. 河村陶子，"德国"，《对主要发达国家进行的国际交流机关调查报告书》，国际交流基金，2003 年。

17. Alan Henrikson, "Niche Diplomacy in the World Public Arena: the Global 'Corners' of Canada and Norway", *The New Public Diplomacy*, Palgrave, 2005.

18. 松村正义，《新版国际交流史——近现代日本的宣传文化外交与民间交流》，地人馆，2002 年。

19. 小川忠，"主要国家的公共外交"，金子将史、北野充编著，《公共外交——"舆论时代"的外交战略》，PHP 研究所，2007 年。

20. 冈本真佐子，《对外文化机关的国际比较研究调查（中期报告）》，政策研究大学研究生院大学文化政策项目，2002 年，第 67 页。

21. 摘自外务省网页（http://www.mofa.go.jp/mofaj/annai/shingikai/koryu/h18_sokai/01yoshi.html）。

212 22. "资料编——日本国际文化交流政策的发展历程"，《外交论坛》第 209 号，都市出版，2005 年 12 月，第 65 页。

23. 汤浅博，"约瑟夫·奈的'软实力'论的盲点"，《诸君!》第 38 卷第 8 号，文艺春秋，2006 年 8 月。

24. Naoyuki Agawa, "Japan Does Soft Power", *Soft Power Superpowers*,（参见第四章注 53）。

25. David Baldwin, "Power Analysis and World Politics", *World Politics*, January 1979.

26. Niall Ferguson, "Think Again: Power", *Foreign Policy*, January-February 2003.

27. 约瑟夫·S. 奈，《软实力——制约 21 世纪国际政治的隐形力量》，山冈洋一译，日本经济新闻社，2004 年，第 32 页。

28. 同第五章注 27。

29. Kenneth Waltz, *Theory of International Politics*, Addison Wesley, 1979.

30. Joseph Nye, "In Mideast, the Goal is Smart Power", *The Boston Globe*, August 19, 2006.

31. Richard Armitage and Joseph Nye, *CSIS Commission on Smart Power*, Center for Strategic and International Studies, 2007.

32. Steven Lukes, *Power*, Palgrave Macmillan, 2005.

33. 同第五章注 27，第 39 页。

34. Alexandre Bohas, "The Paradox of Anti-Americanism", *Global Society*, October 2006.

35. Lawrence Repeta, "Mr. Mandison in the 21st Century——Global Diffusion of the People's 'Right to Know'", *Soft Power Superpowers*,（参见第四章注 53）。

36. 同第五章注 31。 213

37. Arjun Appadurai, *Modernity at Large*, University of Minnesota Press, 1996.

38. Jonathan Xavier Inda and Renato Rosaldo, "Introduction" in Jonathan Xavier Inda and Renato Rosaldo, eds., *The Anthropology of Globalization*, Blackwell Publishing, 2002.

39. Anne Allison, "The Attractions of the J－Wave for American Youth", *Soft Power Superpowers*,（参见第四章注 53）。

40. 彼得·切宾，《公开研讨会·报告——软实力与公共外交》，《远近》第 2 号，国际交流基金会，2006 年 6—7 月。

41. 摘自丘吉尔中心网页（http://www.winstonchurchill.org/i4a/pages/index.cfm?pageid=527）。

215 # 后记

“拿枪的一瞬间，实际上，就已经输掉战争了。在战争中，所有人都是战败者。”

这是2004年春天，我参加美国国务院（华盛顿特区）听证会时，一名公共外交中坚人员的发言。外交正是为了避免两国兵戎相见才存在的，这是公共外交的最终政策目标。身为卷入伊拉克战争的国务院官员，能说出这样的话，实属不易。近来外交官具有好战倾向的发言不绝于耳，听了这位官员的话我受益良多。对于那些基于“一开始就带有火药味”的实力游戏式的国家利益观而形成的公共外交，我表示质疑。尽管如此，我仍对公共外交寄予希望，因为我相信上述那位官员的良心。

我对公共外交产生兴趣是在1990年我从美国和英国留学回国
后。那时社会上充斥着的反美论和亲美论——这些往往也反映了
216 日本文化论和日本人论——引起了我的关注。从2000年春开始，
我受到日美友好基金的资助，在供职的庆应义塾大学着手研究日本反美主义。但是，没过多久，2001年9月，“9·11”恐怖袭击事件发生了。这对在美国度过了20—30岁大部分时光的我来说，震撼极大。但是，无论如何也比不上看到日本国内存在如此大规模的反美主义时感受到的震撼。此后，从2003—2004年度开始，我受到安倍奖学金（国际交流基金日美中心以及美国社会科学研

究委员会）的资助，开始将研究重点转移到美国为对抗世界各地反美主义所采取的公共外交政策上。

公共外交，直截了当地说，就是提高他国人民对于本国的关注与理解，即控制舆论。智慧与实力的关系、或者说文化与政治的不可分离性，在我的研究方向——文化人类学和地缘研究中是一个巨大的课题。对于我这个在日本进行美国研究的人来说，不能将美国的公共外交想得太过简单。或许我正身处美国公共外交的影响之中，为了让自己的认识能够更加客观一些，很有必要作此类研究。

当然，由于我不是历史学方面的专家，所以并不以做出史学、实证和资料方面的贡献为目的，而只是以我自己对于公共外交的见解为中心梳理相关理论。关于本书所涉及的个别事例和制度——譬如，太平洋国际学会或太平洋战争中美国的对日黑色宣
传等等，因为已有卓越的学术成果，有兴趣的读者敬请参阅此类 217
研究。

在调查之际，我访问了美国国务院公共外交负责官员（以及前辈）。除华盛顿和东京之外，我在访问北京、上海、台北、首尔、新加坡、曼谷、吉隆坡、伦敦和巴黎等城市时，也与相关部门和相关人员取得了联系。因为受到诸多限制，除已公开的内容之外，本书不做使用实名的直接引用。但是，本书记述的方向性和氛围变化，间接反映了他们的见解和态度。一想起各位的脸庞我就没法夸大其辞——确如“最后的三尺”般奇妙——不过，还是请允许我在本书中对美国的公共外交公开地提出批判性见解。

本书按美国公共外交变迁的时代顺序记述。近年来，经常有机会听到一些个人轶事类的资料，但却少见公开了的公文。在保罗·布莱克本（原东京美国中心馆长、原美国新闻处日本局局长、

驻日美国大使馆宣传文化交流负责公使）和京藤松子（原东京美国中心查询资料室室长）的建议下，我前往位于美国马里兰州科利奇帕克市的美国国家档案馆进行了调查。不过1980年之后的对日公共外交相关公文，只解密了极其有限的零碎部分。已公开的
218 文件几乎都是媒体提供的关于日本舆论调查的结果（尤其是贸易和防卫问题方面的数据），全无像从前“对日心理战略计划”一般重要的决策内容。在与美国新闻署相关的大量文件里，极少出现含“Japan”一词的标题，它们很有可能分布在其他类别或者机构（国防总局、美国中央情报局、商务部或农业部等）的文件里。

在已公开的关于舆论调查结果的文件中，载有公共外交负责官员编写的形势分析。这些分析没有偏袒日美任何一方，极其冷静而客观，这令我印象深刻。

目前根据《信息自由法》规定，个人可以向国务院申请获取与公共外交相关的信息。我也于2007年夏，办理了关于1980—1990年以后美国对日外交目标（使命、履行、计划，MPP）详情的申请手续，但是至今仍未得到具体回复。

通过撰写本书，我深刻地感到，先辈们数代的努力才成就了今日的日美关系。在2004年日美交流150周年之际，美国驻日大使霍华德·贝克（当时）这样说道：“近代史上的日美关系，是前所未有的。特别是在过去60年间，两国交流几乎可以说是创造了奇迹。”如今，日美关系总体上可以说是稳定的，但是不能将之
219 视为理所当然的结果。为了不让“奇迹”成为幻影，我们必须牢记先辈们的努力，并将之继承和发展下去。

伊拉克战争已经过去5年了。开战造成的美国和德法两国关系的恶化仍然令人记忆犹新。当时，我有很多机会接触这些国家的学者和实业家，大家对美德关系、美法关系的未来所持的乐观

态度着实令我感到震惊。“美国与德国、法国之间的合作网络分布在各种领域的各个阶层。因此，即使首脑间或政府间关系有所恶化，两国之间本质的关系是不会动摇的。”这就是他们的理由。也许这也同样适用于日美关系。日美关系有着非常密切之处，有共同的课题和问题。有时候正是因为密切才导致了关系紧张。正因为如此，为了不受政权和政府间一时的关系所左右，在本质层面建立牢固的基础网络愈来愈重要。公共外交虽然能够成为契机之一，但是民间交流和文化交流也能发挥极其巨大的作用。

日本要理解美国，需要铭记美国国内的认知差异、日本国内对于美国的认知差异，以及日美间的认知差异这三种差异，也可以说是这种三角关系。对于包括日美双方政府在内的各方所传达的不同的“美国”，希望日本能有充分的认识，不要满足于简单地“排美”或“崇美”，今后继续与美国保持接触。如果将“他人”
简单化是执政者的工作，那么明确它的复杂性和结构性可能就是 220
学者的工作。——这在拙著《跟随美国——波士顿市民的脚步与“文化政治学”》（庆应义塾大学出版会，2004 年）的文末提到过，这种态度至今未变。

完成本书，我得到了母校哈佛大学、供职的庆应义塾大学、日本美国学会和美国研究学会的同事们，以及在国内外各种研讨会和学会中遇到的众多朋友的良言。特别要感谢青木保（文化厅厅长）、五十岚武士（东京大学研究生院法学政治学研究科教授、日本美国学会会长）和约瑟夫·奈（哈佛大学特别成就教授）。同时还要感谢美国国务院以及美国驻日大使馆宣传文化交流部和美国国家档案馆对我的友好协助。

在调查阶段，我还受到了日美友好基金、国际交流基金、三得利文化基金会以及庆应义塾大学的资助。在此，我谨表示深深的敬意。

本书是在2007年秋季学期（Michaelmas Term），我以特别研究员身份留在剑桥大学唐宁学院时完稿的。在这里衷心感谢为我提供了无限充实的研究和生活环境的彼得·马蒂亚斯先生（该学院的前院长、名誉校友）以及帕里·艾弗里特先生（该学院院长、教授）。

最后要感谢担任本书编辑工作的高村幸治先生。我很佩服高
221 村先生能自如熟练地应对各种局面。以后我会用心倾听高村先生的激励，继续撰写文章。

渡边靖

2008年2月于新奥尔良

作者简介

渡边靖

庆应义塾大学 SFC 环境情报学部教授（文化人类学、文化政策论、美国研究）。

1967 年出生。1990 年毕业于上智大学外国语学院，1992 年毕业于哈佛大学研究生课程，1997 年取得社会人类学博士学位。曾在剑桥大学、牛津大学和哈佛大学担任客座研究员。2006 年起至今担任现职。2005 年获得日本学士院学术奖励奖。

著作包括：《跟随美国——波士顿市民的脚步与“文化政治学”》（庆应义塾大学出版会，2004 年，获三得利学艺奖、美国学会清水博奖），《美国地方自治团体——国家与个人的交叉点》（新潮社，2007 年），《美国家庭：跨越阶级差别》（普卢托出版社和密歇根大学出版社，2005 年）

编著有：《软实力超级大国——日本和美国的文化和民族资产》（M. E. 夏普出版公司，2008 年）等。

图书在版编目(CIP)数据

美国文化中心：美国的国际文化战略/(日)渡边靖著；金琮轩译. —北京：商务印书馆，2013
(国际文化版图研究文库)
ISBN 978-7-100-10051-9

Ⅰ. ①美… Ⅱ. ①渡… ②金… Ⅲ. ①文化—战略—研究—美国 Ⅳ. ①G171.2

中国版本图书馆 CIP 数据核字(2013)第135329号

美国文化中心
美国的国际文化战略
〔日〕渡边靖 著
金琮轩 译

商 务 印 书 馆 出 版
(北京王府井大街36号 邮政编码100710)
商 务 印 书 馆 发 行
北京鑫海达印刷有限公司印刷
ISBN 978-7-100-10051-9

2013年8月第1版 开本 700×1000 1/16
2013年8月北京第1次印刷 印张 12

定价：26.00元